說話全能

養成指南

**【首創結合心理治療！
非暴力溝通NVC 新世代進化版】**

運用「需求理解法」，
達成完美溝通4項全能技巧，
創造每個人都舒服的關係

需求

李态 譯

愛麗絲・雪登 Alice Sheldon 著

Why Weren't We

The Surprisingly Simple Secret to
Transforming Life'S Challenges

Taught This at School?

來自各界的盛讚

真希望我在學校就學過這套法則。學了「需求理解法」真的能改變人生。不只你自己的，還包括周遭人們的。一旦學習並練習過書中提及的技巧，生活品質絕對會有所提升。

——東尼・霍克（Tony Hawks），知名喜劇演員及暢銷作家，著有《帶著冰箱環愛爾蘭》（*Round Ireland with a Fridge*，暫譯）等

本書讓每個人受益良多，教會我們如何透過一個常被忽略的簡單動作——聆聽，而且是「真正的聆聽」，來建立人與人的連結，同時增進理解，包括聆聽他人和自己。在許多人陷入孤立、只有 3C 螢幕作伴的此時此刻，本書的來到恰逢其時。它就像個萬用工具箱，適合擺在手邊，隨時往裡頭翻翻找找。

——吉姆・卡特（Jim Carter）、伊美黛・史道頓（Imelda Staunton），知名演員

「學校要是有教這個就好了」（英文原書名的意思）說得一點也沒錯。我們所造成或碰到的「問題言行」背後，都潛藏著「未被滿足的需求」，一旦瞭解這點，便能看懂九成以上的人際互動。這就是雪登這本書想教我們的事。相信各位閱讀此書時，能將自身經驗對照到「滿足需求」的情境中，同時確實瞭解並滿足自己的需求。推薦各位一讀。

——哈維爾・漢瑞克斯（Harville Hendrix）、海倫・杭特（Helen LaKelly Hunt），《得到你追求的愛》（*Getting the Love You Want: A Guide for Couples*，暫譯）作者

法界・企業界

這本充滿洞見的書，檢視了人際互動中常見的阻礙。作者的解決之道絕妙又容易理解，於生活、於工作情境，都同樣適用。若想建立誠實、彼此體諒、有效的溝通，本書將是你珍貴的工具箱。

——沙瑞夫・施維吉（Sharif Shivji），英國御用大律師，專精於商法

二十一世紀的領導者必讀之作！身為企業人士，為了順利推動工作，與形形色色的人建立及維持關係的能力必不可少。各級主管都能運用這本書的工具，打造優質的互動環境，讓身在其中的同仁有參與感、願意付出全力，遇上棘手處境也能找到高效又富創意的解決方法。

——約翰・歐德（John Odell），國際四大會計師事務所之一部門主管

雪登終於將精彩的需求理解法寫成書了！多年來，我指導主管們「處理困難談話」時，都會將這套方法當作首要的參考框架。若說情緒智慧（Emotional Intelligence）能協助人們換位思考，甚至提升自律能力，需求理解法則更上一層樓，教會我們以一套簡單實用、又能造成巨大改變的方法解決問題，同時創造共贏、維繫關係，讓關係中的每個人都能自在茁壯。這本清晰實用又意義深遠的書，可以讓你以全新的目光看待人際關係、創意策略思考，以及「沒有人需要妥協」的解決問題之道。若想改變人際關係或協助世界變得更為健全、愉快，達到永續發展，運用本書的觀念，會是你最有力的作法之一。

——希瑟·蒙洛（Heather Monro），「明亮空間」（Brightspace）高階主管教練

當前此刻，比起以往任何時候，我們都更需要與同事、親朋好友互相扶持，發展出真摯互信的關係。本書收錄許多與我們切身相關的故事，透過精闢分析的案例、實用好上手的技巧，探討如何展現同理心，攜手解決問題。

——馬克·皮爾金頓（Mark Pilkington），旅遊休閒業界銷售與行銷翹楚

這本好書簡單易讀又引人入勝，滿載實用的建議，讓各位讀者與理想的結果和結局越來越近。愛麗絲在此領域的豐富經驗顯而易見，充分說明了「需求理解法」可為工作和家庭生活帶來的益處。

——馬修·偉特（Matthew Wait），全球領先教育機構之一財務長

這是近幾年來我讀過影響最為深遠的一本書。書中簡單的觀念和練習，能改變我們與自己和他人相處的方式，果真如英文原書名所說，學校要是有教這個就好了！可惜我們從小到大都在掙扎中跌跌撞撞，始終搞不懂世界究竟是怎麼運作的。本書為我們打開視野，提供可照著做的操作指南，告訴我們怎麼讓人生順遂，活出原本就屬於你我的精彩人生。

——薇若妮卡·孟若（Veronica Munro），國際高階主管教練、作家、藝術家

教育界

這本書寫得真好，提醒了我那些自以為早就知道、卻老是忘了拿出來應用的道理。回想起最近幾次對話，我又一時不知怎麼搞的、說出了「早知道就不要說」的話。愛麗絲能不帶批判、滿懷同理心地理解讀者（像我）的感受，引發強烈共鳴，因為書中所述都來自她親身的經歷。可以

想見，這是我會一讀再讀的書。

——貝琳達‧霍普金斯（Belinda Hopkins），《修復式課堂》（*The Restorative Classroom*，暫譯）作者、「衝突扭轉中心」（Transforming Conflict）總監

令人耳目一新的好書！愛麗絲希望我們在瞭解自己的同時，也瞭解自身需求如何影響著人際溝通與關係，這一切都透過她純熟的文字鋪陳，清楚傳達給讀者知道。只要你工作上會接觸到各種年齡層的人、只要你身而為人，都能因本書而徹底改頭換面。期望下一代的孩子們在學校都能學到。

——莉莉‧霍斯曼（Lily Horseman），森林學校協會（FSA）會長

愛麗絲的文字好讀，傳授的方法簡單又好上手。看完這本書，你一定會覺得千金難買早知道！我發現自己每讀一頁都不禁會想：「我一定要跟誰誰誰分享這個」。如今，人們心理健康的問題日益顯著，媒體也看似以造成分歧和衝突的手段來疲勞轟炸，本書來得正是時候。所有政治領袖都該一讀。

——亞當‧巴博（Adam Barber），韓里斯小學（Henleaze Junior School）校長

本書適時提醒了我們什麼是最該學習的課題，立意良善且十分實用。對於擔任教職、經營學校或對自己受到的教育不甚滿意的人，都該讀本書。

——斐奧諾拉‧甘迺迪（Fionnuala Kennedy），溫布頓中學（Wimbledon High School）校長

愛麗絲‧雪登身體力行她筆下的觀念。本書建立在她對簡單有效的原則及工具鉅細靡遺的探索上，並融合大量來自日常生活的實例和見解。本書架構和論述都有條有理、清楚明晰，文字堪稱藝術，不只讀起來輕鬆，也能在生活中真正試行。本書是實用的靈感泉源，刺激我們在與自己或他人的往來之中、在所處環境與全球政治經濟結構之中，都能做出改變。

——蓋布芮‧葛朗特（Gabriele Grunt），「艾赫特溝通」（ECHT Communication）共同創辦人、教師及父母成長培訓師

衝突解決界

這部美麗而簡單的指南，引領我們認識人人亟需、卻多半不得其門而入的人際關係技巧。任何和平教育相關課程的書單，絕對都要納入本書。

——席拉‧艾爾渥西（Scilla Elworthy），諾貝爾和平獎三次提名人，「和平營運計畫」（Business Plan for Peace）創辦人

本書詳盡地分析、探究了各種共情和同理的溝通方式。在分裂嚴重的今日世界，用心思考如何轉化衝突、培養良好的關係，都比以往迫切。正因如此，「需求理解法」的框架無疑是當前所需的一座寶庫。

——諾米莎‧庫里安（Nomisha Kurian），劍橋和平與教育研究團隊（CPERG）共同主席

這是一本將心比心、見解深刻的指南，指引我們如何創造少一點恐懼、多一點關懷的世界。本書清晰好讀，妙喻連連，還有許多有效引導我們和釐清觀念的小工具，尤其是「需求眼鏡」——這工具太讚了，大家都該弄一副來！

——吉娜‧勞瑞（Gina Lawrie），非暴力溝通中心（Centre for Nonviolent Communication）評估師、非暴力溝通舞池技巧（NVC Dance Floors）共同發明者

想協助打造一個人人都受到重視的世界，雪登的書可謂是基本指南。我這輩子都在追求「成為自己想看見的改變」，因此我會毫不猶豫地將此書放入必讀書單。只要你對人事物具有一定的影響力，都值得一讀。

——瑪麗亞‧阿爾帕（Maria Arpa），非暴力溝通中心執行長、「和平解決方案中心」（Centre for Peaceful Solutions）創始會長

心理治療界

書中傳授的內容充滿熱情、智慧，明顯經過實戰經驗淬鍊，滿是真才實學。作者介紹的技巧簡單，卻毫不簡化，教你活出聰明人生的豐富範本。

——麥坎‧史泰爾（Malcolm Stern），「替代方案」（Alternatives）共同創辦人、心理治療師、作者

本書收錄的觀念能帶來深刻的改變，要是人手都能一本，或許人類的諸多問題都能迎刃而解。如果這本寶典中的人際關係技巧，都能成為我們溝通法則的一部分，相信這個世界一定會充滿更多連結，而且和諧許多。作者的文字機智、真誠而充滿關懷。很難找到比這本更實在的指南了。

——雪蘿‧嘉納（Cheryl Garner），心理治療師、心像式關係治療師（Imago Relationship Therapist）、親職教練

神話與人魚的世界

愛麗絲寫出了這本人人亟需的書，探討如何重新想像人與人溝通的可能。書中充滿明智建言和實用練習，有條不紊地逐一說明人們沒有意識到的重要需求及行為。在氣候危機虎視眈眈的後疫情時代，我們每個人都需要這樣的書。最重要的是，它以最善解人意的方式，闡述了如何與自己和他人都能好好相處的技巧。獻給當今時代的佳作。

——莫妮克‧洛非（Monique Roffey），《黑海螺島的美人魚》（The Mermaid of Black Conch，暫譯）作者、二〇二〇年科斯塔年度圖書獎得主

獻給安娜，我生命中的光

For Anna, light of my life

目錄 Contents

學校要是有教「需求理解法」就好了！

回顧學生時代，你覺得自己學到了什麼呢？各位或許還記得多年前的課表，卻仍然搞不懂自己和他人在想什麼。我們在學校上了數學和英文、科學和藝術等課程，卻鮮少有人指點我們怎麼面對艱難的抉擇、處理情緒，以及如何建立對每個人都有益的關係。

就這樣長大的我們，帶著一些不太可靠的辦法迎向人生。有時彷彿天時地利人和，我們得以順利地做出一個又一個決定，輕輕鬆鬆就能和周遭人相處愉快，但也有些時候，我們會受挫、甚而失去信心。腦中重複播放著某場對話，後悔當時為何（沒有）那樣說。面對難題而必須抉擇之時，始終反反覆覆，猶豫不決。我們無比希望能在家或辦公室過上一週七天沒有爭吵、沒人發飆或鬧彆扭的日子。我們也或許覺得人生渾渾噩噩，目標都沒實現，生命就這樣一點一滴溜走了。

我們好像漏看了人生說明書最關鍵的那幾頁，少了一本指南來教我們如何利用真正重要的資源，促成想要的改變；少了一套幫助我們克服難關和挑戰的基礎框架，導致我們無從知曉原來有種正確解讀世界的方式，能讓我們活著變得更享受。

　　而這些不足和缺憾，正是需求理解法（Needs Understanding）可以補上的。需求理解法提供一套非常有效的方法，能用來創造讓每個人都覺得舒服的關係，並以沒有輸家的方式解決問題。應用範圍與適用對象很廣，無論是家庭或職場、朋友或合作對象都派得上用場。這套方法不僅能帶來巨大改變，而且極其實用和簡單，只需一兩小時就能學會基本原則，一旦開始實踐，你會發現日常生活立即產生了變化，有能力緊急去處理眼前的棘手處境。需求理解法也夠深奧，足以改變那些長久以來妨礙你活得豐富精彩的慣性思維。此外，這套法則只需要一個人單方面知道就能產生效果，無須要求伴侶、同事、朋友非得跟你一起學不可。

　　需求理解法建立在一個核心概念上——人們說的每句話、做的每件事，都是為了滿足潛藏的人性需求，像是必須做選擇、需要被聽見、希望展現創意或表達真誠等等。透過需求的眼光看這個世界時，我們會發現很多令人興奮的嶄新方法，帶領我們跨越難題或困境。以前覺得莫名其妙的行為開始有了意義，生活變簡單了，世界也變成一個更為友善的地方，可以勇敢追夢和圓夢。

　　需求理解法本著一個觀點：大至在世上擁有無遠弗屆的影響，小至活得更快樂，最有力的作法之一就是從改變你個人的生活開

始。同時，它也與一種認知相輔相成，亦即理解今日人類的文化體系如何不平等地分配著權力和資源，又有哪些社會、政治、經濟因子在阻撓人們發揮潛能。這種認知也是一種強大的利器，足以改變社會，進而打造出一個所有人的需求都能得到妥善照顧的世界。

需求理解法的誕生

多年以來，我已經先後與許許多多的人、組織和團體，分享過需求理解法的原則。在取得心理學和神經生理學碩士後，我原先是從事教職，後來成為律師。然而，從十幾歲到二十幾歲這段時間，我活在越來越強烈的自我懷疑和絕望之中，最終跌入谷底。人際關係一塌糊塗不說，還完全失去人生目標，不懂為何還要活下去。

我花了很長的時間，才慢慢地從那個認定自己就是沒辦法好好經營關係、感到快樂、活出意義的人生谷底失敗組，一步步變成今日眼中的自己——一個有信心為自己和他人帶來活力的人。但自始至終，我一直保有好奇心，樂於去思考與探索人們要怎麼做

才能跨越信仰和社會地位的藩籬，攜手合作建立一個美好的星球，讓居住其中的大家、甚至是這星球本身都能受惠？而同樣身在其中的我又能扮演什麼樣的角色？

先談談徹底改變我人生的兩項重大影響，讓我看見了另一種生活的可能。

首先是心理治療，促使我以同理的眼光看待自己內在的掙扎。透過心理治療，我學會了將過往經驗當成一把實用的鑰匙，協助我去開啟不一樣的未來。我也學會了如何感同身受地去面對自己與他人，將重點放在建立貨真價實的與人連結上。而這些正是需求理解法最核心的精髓。

第二項影響則要歸功於美國知名心理學家馬歇爾‧盧森堡（Marshall Rosenberg）的思想。馬歇爾從一九六〇年代開始發展「非暴力溝通」（Nonviolent Communication，簡稱 NVC），從他的學說中，我初次認識這個觀念：我們的種種行為，皆源自相同的人性需求。這個想法也成為需求理解法的核心。但遺憾的是，馬歇爾為人師表的時候，我沒有機會去上他的課，也不曾見過他本人。但我始終無比感謝馬歇爾為人類留下了 NVC 這項寶貴的智慧結晶，以及這些年來教導我 NVC 的所有人。

本書架構

下一章，我們將進一步談談需求理解法是什麼、有何裨益，同時介紹需求理解法的四大技能領域：

◈ 帶著同理心去聆聽：瞭解人們常常不自覺誤踩的「十大聆聽地雷模式」，並瞭解如何聆聽才能創造連結。

◈ 關心才能看清自己：學會解讀自己的行為，以及何謂「指紋需求」，以便能更輕鬆、有效地處理棘手的處境，做出合宜的應變措施。

◈ 把話說進心坎裡：瞭解怎麼與人溝通，將你想說的話確實傳到對方耳中、說進對方心裡。

◈ 行動顧及全員需求：懂得如何「繞到山的另一邊」，找到走出難題的路徑，用大家都能接受的方式解決問題。

本書的內容架構編排順序，即使從零開始的新手也能容易理解，不過各位當然也可以視自己的需要，隨意跳著讀。你會在書中看到許多「暫停小格」，旨在讓大家有機會回顧和實踐書中提到的概念。若你喜歡每到一個段落就能停下來喘口氣、思考學了什麼，暫停小格的練習或許很適合你。不過倘若你偏好閱讀時能一氣呵成，大可跳過這些部分，一樣不會影響你理解本書的核心。

為了讓「需求理解法」背後的觀念更好懂，書中涵蓋了各種在

日常生活中實際運用這套法則的故事。為尊重當事人隱私，這些真實故事的人名和細節都經過適度改寫。由於本書並非影片或電影，角色之間的溝通只能用文字呈現，但在現實生活中，我們有許多想法和感覺是透過手勢、語調、肢體語言來傳達的，而這些溝通管道的重要性並不亞於文字。此外，有些對話是濃縮過後的版本，讀起來感覺轉變來得很快，但實際上都需要更長時間來醞釀與發酵。

我迫不及待要和各位分享需求理解法了，也很好奇讀完本書的你，會不會贊同英文書名那句靈魂吶喊——為什麼學校不教需求理解法？（Why weren't we taught this at school?）這套方法簡單到不行，不論是對個人的生活或整個分歧的世界，又能產生如此深遠的影響，要是學校早點教的話不就好了嗎？

CHAPTER 1

不可思議的

→ 簡單祕訣

以需求的眼光理解世界

需求理解法圍繞著兩條核心原則，具備無與倫比的力量，在生活和工作的各種層面都能幫上你的忙。無論你是想更透徹地瞭解自己、改變與他人的關係，或是幫助世界變得更好，全都離不開這兩條原則。從第一章的介紹開始，全書都會不斷提及這兩大原則：

原則1：人的一切行為都是為了滿足需求。

原則2：採取顧及全員需求的策略時，我們的世界運轉得最為順暢。

這裡所謂的需求，指的是什麼呢？我們有生存上的需求，譬如需要食物、水、棲身之所、溫暖等，也有心理、情感、精神上的需求，像是對於學習、自由、愛、與人連結、美好等一切人事物的渴望。簡而言之，需求是人類想蓬勃發展及存活下去的必備要件。每個人一定都有需求。

為方便各位理解，下表分門別類，列出了人類共通擁有的各種需求。附錄也有這張表，方便讀者利用和查閱，有需要的話也可至需求理解法網站 （www.needs-understanding.com）下載列印英文版本。

需求表　LIST OF NEEDS

生理需求
- 空氣
- 食物
- 健康
- 光
- 移動
- 休息
- 棲身之所
- 接觸
- 水

安全感
- 情緒安全
- 內在平靜
- 人身安全
- 保護
- 穩定

自由
- 自主
- 選擇
- 輕鬆自在
- 獨立
- 責任
- 空間

具有重要性
- 接納
- 承認
- 照顧
- 同情
- 體貼
- 同理
- 應有的認可
- 尊重
- 被聽見
- 被看見
- 信任
- 瞭解

休閒／娛樂
- 樂趣
- 幽默
- 喜悅
- 愉悅
- 重獲青春
- 放鬆

理解
- 察覺
- 清晰
- 發現
- 學習
- 刺激

連結
- 喜愛
- 欣賞
- 注意
- 親近
- 陪伴
- 聯絡
- 和諧
- 親密
- 愛
- 滋養
- 性表達
- 溫柔
- 溫暖

社群	自我感／自我意識	意義

社群
- 歸屬
- 溝通
- 合作
- 平等
- 納入群體
- 互惠
- 參與
- 夥伴關係
- 自我表達
- 分享
- 支持
- 包容

自我感／自我意識
- 能動性
- 真實性
- 能力
- 尊嚴
- 效力
- 為自己做主
- 成長
- 療癒
- 誠實
- 完整
- 相信自己夠好了
- 對自己重要
- 自我接納
- 自我照顧
- 自我實現

意義
- 活力
- 挑戰
- 清醒
- 貢獻
- 創意
- 探索
- 整合
- 目的

自我超越
- 美
- 慶祝
- 交融
- 信仰
- 渾然忘我
- 希望
- 靈感
- 哀悼
- 神祕
- 和平、和睦
- 更大的存在

每個人替需求分類的方式不盡相同。倘若你的需求不在表中，抑或覺得某些類別對你來說意義不大，都可以儘管自行修改。就現階段而言，這張需求表的目的是邀請你思考人的全部需求有哪些，其中也包括很多我們平時意識不到的需求在內。如果你決定影印或列印這張表，不妨將它貼在冰箱上等平常容易看見的地方，這樣很快就能熟悉起來了。

PAUSE BOX
暫停小格 ‖

（溫馨提醒：就算你想跳過暫停小格或是等到以後再看，都不會影響理解本書喔！）

熟悉人類有哪些需求
準備物品：需求表

請趁此機會，熟悉需求表上的內容。

將需求表從頭到尾慢慢看一遍，留意是否有什麼感覺浮現。

接著選出一個格外吸引你注意的需求。

想一想：我為什麼選了這個需求？

你可以想想看，現在生活中何時會出現這個需求？你以前曾有過此需求嗎？這對你來說特別重要嗎？目前的生活是否就少了它？花點時間來探索這個需求對你的意義。

需求如何影響人的行為

接著將以我自己的親身經歷為例，說明需求如何深深影響著我們的思想和行動。我選了一段我和女兒凱蒂（化名）之間的對話。雖然第一章選用親子關係的例子，但一樣也適用於家庭、工作等各種可能的情境。

凱蒂六歲時，每到週末最愛待在家，和她的玩具朋友玩到天荒地老。我也喜歡跟她一起玩，因為跟她共處的時光很開心，只是玩了一陣子我就會想出門走走，做點別的事。我是單親媽媽，家裡只有我們母女二人，因此我都會事先和她約好先玩一段時間，然後再一起去附近的咖啡店坐坐。可是每次到了出門的時間，同樣的場景就會一再上演——凱蒂還想玩、不肯出門，最後演變成我對她大吼大叫、苦苦央求，或是設法賄賂她配合。結果不脫這兩種：一、我們去了咖啡店，凱蒂心情很差地生悶氣；二、我們沒去咖啡店，而我一肚子氣又沮喪不已。

PAUSE BOX
暫停小格 ||

探索行為和需求之間的關聯

準備物品：需求表、一支筆、一張紙

趁此機會，想一想人的各種行為如何能理解為「滿足需求的努力」。

在紙上畫出兩大區塊，分別寫上「我的需求」和「凱蒂的需求」。然後，請翻到需求表，試試下列兩點：

一、請想像我這個人。猜猜我想去咖啡店是出於哪些需求，並寫在紙上。譬如，我需要尋找新的刺激。

二、接著請想像凱蒂這個人。猜猜她的需求又是哪些，一樣寫下來。或許可從她想找樂子這個方向開始猜。

請注意我用的是「猜」這個字。這個問題並無對錯，我們也永遠無法得到正確答案，因為每個人體驗世界的方式都不一樣。

現在試想一下，因為這件事一再發生，我希望這個週末不要重蹈覆轍。那麼我可以從哪裡開始做出改變呢？也許我該做的第一件事就是戴上一副「需求眼鏡」（needs glasses），用需求的眼光來觀察這件事。現在我可以問自己：在這個情境中的我需要的是什麼——我真正在乎的是什麼？每當我想去咖啡店，最先浮現的需求包括：

- 活力：渴望感到自己充滿能量和可能性；

- 連結：想要享受和女兒在一起的時光；

- 具有重要性：這點暫不說明，稍後會回頭解釋。

那凱蒂呢？她有哪些需求？這和她不肯出門有何關係？我能猜到最可能的需求是：

- 選擇：對大部分孩童而言，選擇是非常重要的需求，因為他們的自主權遠比成年人少；

- 被聽見：她希望我能理解她真正重視的是什麼；

- 樂趣：她就是愛跟她的玩具朋友玩，不想停下來。

　　你可以想像倘若你遇到相同的情境，會是什麼感覺。你的需求會跟我一樣嗎？即使處於相同的情境中，需求也會因人而異，因為每個人都有自己獨有的反應。

　　用這種方式來理解處境有什麼好處呢？接著仍然用我和凱蒂的例子，來進一步探討需求理解法的四大技能領域（即本書目錄的Part 1～4）。

「需求理解法」四大技能領域

　　這四種技能領域，是用來理解自己和他人的工具。這些工具有助於做出想要的改變，讓自己的生活和工作更順遂，也能為周遭的世界增添變化。四大技能領域都源自於前述的兩條核心原則，即「人的一切行為都是為了滿足需求」及「採取顧及全員需求的策略時，我們的世界運轉得最順暢」。

　　四大技能領域如下：

　　一、帶著同理心去聆聽

　　二、關心才能看清自己

　　三、把話說進心坎裡

　　四、行動顧及全員需求

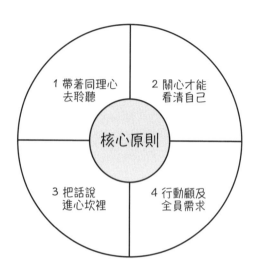

開篇這章，我將分別簡述這四大技能領域，讓讀者對接下來的內容先有個大致的概念。後續各章中，我們將再深入探討各個領域。

一、帶著同理心去聆聽（Part 1）

當我戴上需求眼鏡後，就知道女兒的一切行為都是為了滿足需求所做的努力，我也可以改用新的脈絡來理解這個情境，同時有助於我去同理她的一舉一動。在不知道這項技能前，我可能會試圖跟她講道理：「我們不是約好了，玩完就要出門嗎？」或「妳也很愛去咖啡店呀！我們可以買妳喜歡的小薑餅人喔。」假如這麼做就得到我想要的結果，也能和女兒維持良好關係，我也許就不會想做出任何改變。但既然這套作法根本行不通，或許我就該改變既有的思維方式。而我只要戴上了需求眼鏡，就不必再去講道理、跟她理論並企圖說服她，此時我的首要之務是讓女兒知道我這個媽媽很想瞭解她的世界。因此說法也會隨之改變，例如：「妳好像在家裡就能玩得很高興耶。」或「聽起來妳希望由妳來決定我們要不要出門呴？」

同理他人能產生深遠的連結效應，既然如此，我們為何無法時常保有同理心呢？有時是因為害怕得被迫放棄自己的需求，擔心必須遷就對方，而失去自己重視的事物。以上述例子而言，我大可選擇在家陪凱蒂玩，但這麼一來，我就得放棄心心念念的咖啡店行程，以及每次去那裡就活力充沛的那個我。

不過，至此都還不算是需求理解法所講求的同理。所謂的我能同理凱蒂的感受，指的是我察覺到她只想滿足想玩樂、有自主選擇以及被聽見的需求。而問題就出在她滿足需求的方式，對我來說是行不通的，因為我也有我自己的需求。而藉由瞭解她的感受，很可能得以好好維繫我們之間的關係，也能找到雙方都能接受的解決方法——可以同時滿足我們母女兩人需求的解方。

本書第一部將探討如何透過聆聽來建立連結，而非阻礙連結，以及如何發掘與表達同理心。

二、關心才能看清自己（Part 2）

凱蒂的行為讓我氣餒不已時，我的心裡究竟怎麼了？首先，我的腦袋裡出現一大堆想批判她的想法。一下覺得都是凱蒂的錯：「妳已經玩一整個早上了，現在我想去做點我喜歡的事，妳又不肯出門。美好的親子時光都被妳搞砸了！」一下又覺得都是我的錯：「她才六歲，怎麼可能事事都按牌理出牌呢？我真是差勁的媽媽，一點耐心也沒有。別人家的爸媽一定會更溫柔地處理這種情況，為什麼我就是辦不到？」

幸好只要戴上我的需求眼鏡，我就能脫離「都是○○的錯」的無用迴圈，更專注於自己究竟想要什麼。當我更關心自己就能看清自身需求，誰對誰錯的問題便消失了：「我會責怪自己、為了凱蒂的行為而洩氣，都是因為我在家關了一早上之後，迫切需要過一點自己的生活。我很愛女兒，希望我們能開開心心地相處，不必老是有一方心情不好。」這時我更能理解自己沮喪的情緒從何而來，也能在這個認知基礎下，開始改變我的作法。

很多人認為需求理解法的第二項技能領域最能扭轉乾坤，但也是最難學會的。第二部將會帶各位深入探索，詳盡解說。

三、把話說進心坎裡（Part 3）

人之所以說話，就是希望別人聽得進去。但我們卻經常在與最重要的人相處之時，或是與能幫我們實現目標的人應對進退時，感覺對方都沒在聽我們說話。一方面，我們可能因此感到挫折、氣憤，最後把怒氣或情緒都發洩在對方身上。而另一方面，若是我們能用更容易被聽見並理解的方式說話，就能更有力地把話說進對方的心坎裡。想做到這點，其實只需要掌握好「何時表達」以及「如何表達」。

關於何時表達：要是對方覺得你有先好好聽取他們的需求，自然就會越願意聽聽你想說的話。當對話陷入困境，往往是因為雙方都想讓別人聽自己說，同時也覺得對方都沒在聽。以我和凱蒂為例，若是我能先感同身受她有何需求，就能明白她不想出門的理由。這時她就會比較願意聽聽看媽媽在乎的又是什麼。

關於怎麼表達：若我能說出自己的需求，而非說服凱蒂出門，凱蒂就更能理解媽媽真正想要的是什麼。因此在同理她的感受後，我的表達方式就變成了：「對媽媽來說，我真的很想出去充電一下，這樣我就能很有精神地度過這一天。」我不必令她心生愧疚或設法操控她，只需要說清楚、講明白，為自己負責。藉由加深對彼此的瞭解，進而與女兒建立更多連結。

「把話說進對方的心坎裡」是非常實用的工具，我們會在第三部進一步討論。這項技能的重點在於討論需求，而非策略、用觀察代替評價、用（禮貌的）請求代替（命令式的）要求等等。

四、行動顧及全員需求（Part 4）

與別人意見不合時，我們往往會直接從問題跳到解決方法：

問題 ⟶ 解方

我們可能試圖以理服人、威脅對方不做的下場很慘，或者試圖操控並改變對方，把我們的思考方式強加在對方身上。這些作法都有缺點，導致雙方都更堅守自己的立場，陷入一定要分出輸贏的零和模式，最後一定只有一方能得到想要的結果。

就像我最初的作法是先跟女兒一起玩一段時間，再一起去咖啡店。此作法在我看來似乎可行，但仔細想想其實很難成功。因為凱蒂根本不想出門，所以即使這麼做，她也恐怕永遠都不會配合。而實際情況果真不出所料：她先是同意玩久一點，到了出門的時間又賴皮。而我之所以會直接從問題跳到實際的作法，也不難理解，因為我只想立刻擺脫因她要賴而萌生的負面情緒。但結果只是變本加厲，我想與凱蒂建立的連結不增反減。

要是我們能換另一種方式思考，通常會更有效果，亦即我不必立刻跳到解決方法，而是先觀察並瞭解藏在檯面之下、雙方各有什麼需求：

比起遵循本能反應而採取的方法，考慮過雙方需求再提出的解方更能奏效、促進彼此的關係。以我而言，我得找出一個辦法，既能滿足她對自主選擇、玩樂、說話被聽見的需求，也能滿足我對活力、創造連結、有效解決問題的需求。我可以同理她的感受、讓她知道我有好好聽她說話後，再提議我們帶著玩具一起出門。如果她說不要，我可以問她有沒有其他更好的建議，既能讓她玩個痛快，我也能確實替自己充電。即使是年紀小的孩子，也很擅長想出讓大家都滿意的辦法，而讓她做主的同時，我也滿足了她能自己選擇的需求。

當然，凱蒂最後可能還是不肯出門，而我絞盡腦汁仍想不出可以待在家又能獲得活力的兩全其美之法。在這種情況下，我可以決定要不要設下一條界線。在需求理解法中，界線是充滿愛的，而不是某種懲罰。例如，「我知道妳想留在家裡繼續玩，但如果整天都窩在家，我就沒辦法顧及我的需求了。我想不出我們兩人都能接受的辦法，所以明知妳不願意，我還是堅持要一起出門。」我清楚地說出我的想法和想做的事，同時讓凱蒂知道我也明白我的作法、對她來說行不通。而一旦搞清楚自己的需求後，我就不

會那麼生氣了。我們會從爭論出不出門這件事，轉而開始考慮事件背後的本質，亦即我們雙方有著哪些需求。

運用第四項技能領域時，用湯鍋來比喻很不錯。這時我們不是一根筋地從問題直直走向解決方法，而是將大家的需求都加進鍋裡，看看最後能端出什麼好菜（＝好方法）。

我很喜歡這個湯鍋的比喻，可以清楚展現出「從需求出發來解決問題」的優點：

⇨每種情況的答案都是獨一無二的，就像食材（需求）不同、烹調方式（如何認識和處理需求）不同，湯鍋每次煮出的料理都不一樣。

⇨這是一種有創造力的思考方式，我們會知道處理某個問題的策略不會只有一種，而是百百種。

⇨這樣做所得到的結果能帶來可讓我們有益身心茁壯的長期養分，而非曇花一現的速食解答。

⇨比起直接跳到解決方法，這樣做也只需要多花一點時間，但一切等待都是值得的，因為最後的成品美味多了，滿足感倍增。

我們將在本書第四部，探討如何讓行動顧及全員需求。

以需求代替策略

要想出顧及雙方需求的解決方法，須經過一段暫停沉澱、仔細思考的過程。或許這個解方需要你改變以往的習慣，而關鍵就在於準備好隨時拋開自己一向偏好的策略——亦即過去可能想都沒想就會去採取的舉動——同時牢牢掌握住策略背後的需求。這和許多人的習慣正好相反。

人們對某些策略的依戀程度之高，往往令人不可思議。舉例來說，我有個朋友在得知需求理解法後，回顧了她以前遇到的某種情況，結果產生截然不同的看法。數年前，朋友的公司持續成長，需要擴編工作團隊，她曾找到一個心目中的理想人才，但問題是這位先生住在距離英國公司四百哩外的蘇格蘭鄉村，而我朋友非常重視團隊能否在同一個地方工作。因此詢問該名男士有無考慮搬家，但他雖然很喜歡這份工作，甚至覺得這是人生蛻變的良機，卻因為熱愛現居地，而回絕了這份新工作。他之所以執著於留在原地，乃是基於他對自由和美的需求。同樣地，朋友提議他搬過來，則是基於對於確定性和連結的需求。如今回想起來，她很好奇當時要是懂得把所有需求都放進湯鍋，會不會迸發出什麼樣的創意火花，做出不同的選擇。

當我們認定和某人之間的問題只有單一解決方法，通常就是一種警訊，提醒我們是否忘了去思考事情背後的需求。一般來說，在同樣的時間點、針對同一個問題，可以採取的解決方法往往包羅萬象。儘管一開始或許看不出來，但就像在湯鍋裡加入不同食材，就能煮出不同的料理，其實有各式各樣的選項任君挑選，而且足以滿足所有人的需求。

此外，由於我們常常將需求和策略（作法）混為一談，有時會緊抓著偏好的解方不放。對於某種作法的依戀或依賴，讓我們誤以為它就代表我們的需求。但其實可以這樣對自己說：「我絕對會牢牢掌握自己有何需求，接下來這十分鐘，我要暫時假裝自己有能力改用不同的方法來解決某個問題。」這樣做可以協助轉移依戀。起初可能不太容易，因為當我們放下 A 事物、允許 B 事物更重要且足以取而代之時，可能會有種奇怪的感覺、甚至感到恐怖或不對勁。因此前述觀念看似簡單，但要真正改變習慣並不簡單。我們會在第四部（行動顧及全員需求）進一步討論這個問題。

指紋需求

先前在分析我和女兒的對話時，我提到自己有項需求是「具有重要性」（to matter）。當我開始思考這個需求對我為何重要，就會溯及整個成長經驗。在成長過程中，我一再感到自己「無關緊要」（not mattering），結果產生了一項長期未被滿足的需求——亦即必須一再確認我的重要性。這意味著，每當誰做了什麼、觸碰到我對重要性的需求，我彷彿會一瞬間被拋回童年。倘若沒有特別注意到自己有這項需求，我就會變回五歲時那個幼稚的我，而不是成熟理性的大人。在我和凱蒂相處的過程中，要讓我覺得自己很重要，顯然並非女兒的責任。假如我沒有親自處理好這個需求，恐怕只會繼續把我個人的問題、推到無辜的女兒頭上。

我將這種至關重要的需求命名為「指紋需求」（fingerprint need），一般來說，每個人都會有數種指紋需求，從二個到五個不等。之後會詳細討論何謂指紋需求，而現在各位可以先記住這點：在認清我們最想改掉哪些行為或態度時，指紋需求扮演著關鍵角色。譬如，跟某同事就是處不來、深陷自我懷疑、對重要的人發火…………許多生活的不順遂，原因大都出於我們不瞭解自己的指紋需求。

　　指紋需求通常關係到童年時照顧我們的大人們，有沒有妥善回應我們的需求，這點與原生家庭是否幸福美滿無關。每當成年後的我們接觸到這些兒時就有的指紋需求，就會覺得滿足這類未被滿足的需求乃第一優先。我們會回到三、四歲那時一切都得仰賴照顧者的求生模式。至於哪些情況會令我們對未被滿足的指紋需求產生過度反應？通常就是我們與至親摯友的親密關係中，造成最多困擾的某些特定情境。

　　想知道自己有哪些指紋需求？有種方法很有效，那就是回顧至

今為止有沒有哪個處境、讓你對某人的話語或行為產生了不合比例原則的劇烈反應。而你事後回想總會疑惑「我那時幹嘛這樣？」例如你正在開車，有輛車突然無預警地從旁衝出來、超到你的前方。可想而知，驚嚇和生氣都是正常反應，但如果你發現自己開始猛踩油門，一邊猛追那輛車、一邊飆罵又狂按喇叭的話，這種反應極有可能來自未被滿足的指紋需求。

指紋需求可以喚起深層的情緒。我在培訓課程中探索它們時，常有學員激動落淚。比方說，有人可能瞬間明白為何每次走進辦公室都會畏首畏尾，因而感到如釋重負。我們的需求，可以極其有效地解釋各種言行舉止的成因，但前提是要真正知道這些需求是什麼。等到進入第二部（關心才能看清自己），我們將會探討如何找出自己的需求。

可是……怎麼辦？

根據長年教授需求理解法的經驗，我猜讀到這裡，各位可能會出現某些質疑和問題、甚至想反駁我的說法。與其讓疑問懸置，不妨現在就先和讀者分享幾個最常見的問題，以及我的回答。

> 人也會做壞事呀。你的意思是要理解這些人的需求，不計較他們的行為嗎？

簡單來說並非如此。所謂從需求出發去理解和關心一個人的行為，並不代表你就必須接受或認同該行為。不過，你還是可以戴上需求眼鏡好好去觀察一個人。比起直接對某人品頭論足、直接評斷，努力去理解他們為何會做出這些行為，會讓你更有機會想

出具有建設性的解決方案。

> 我太生氣／擔心／難過／麻木［請自行刪除不適用的選項］了，沒辦法不怪別人，我根本看不見他們的需求。

我懂！很多時候，我們最想改善的情況就是不再因他人行為，而引發出自己太多的情緒。儘管我們很想不再和另一半為同樣的事爭吵、好想讓老闆停止威嚇我們、超想讓孩子理解某種行為萬萬不能做，但有時實在難以開始去著手處理。因為當我們生氣或難過（甚至麻木）時，會有點像切換成自動反應模式的機器人。建議各位不妨考慮暫時擱下目標，先將注意力放在勾起你好奇心的處境本身，以免無法迅速取得進展而灰心氣餒。對許多人來說，這種方式比較容易上手，而且在練習時就會知道只要你累積足夠的經驗，就能用相同的技巧處理那些反覆出現、最讓你棘手的問題了。

> 我不太喜歡「需求」這個詞耶。

你也許覺得「需求」隱含「有所缺乏」的意思，好像在暗示我們弱小無助、需要仰賴他人。你不是唯一這樣想的人。但我尚未找到一個大家都能接受的更好詞彙，所以目前仍會繼續使用「需求」。如果你看它不順眼，可以自由將之換成一個你更喜歡的詞，例如：價值、重要之物、喜愛之物等等。

> 可以只有我自己用需求理解法嗎？

可以！這套架構的妙處之一，就在於只要你一個人瞭解這些原則、知道如何應用這些工具就夠了。當你懂得如何專注聆聽他人、以關懷善待自己的角度來解釋自己的言行、用更容易被理解的方

式說話，你就有能力與沒聽過這些技巧的人建立連結。你並不需要說服你的伴侶、老闆、同事來學這套方法。而且當你開始常態使用需求理解法，還會發現關係出現驚人的轉變，就像對方也跟著你一起改變一樣呢。

> 不可能每次都有辦法滿足所有人的需求吧？

　　的確，不是每次都有辦法。正因如此，第四部才叫作「行動顧及全員需求」、而非「行動滿足全員需求」。此法有個很重要的核心概念：即使無法找到全體適用的解決方法，也要確保每人的需求都得到重視。話雖如此，隨著你逐漸熟練如何使用需求理解法，可能會驚喜地發現，很多時候真的都能找到滿足全員需求的解答。

　　一旦將焦點從自己偏好的解決策略、轉到問題背後的需求上，你會意外原來有那麼多創意十足的解決方法。一個原本大家都拒絕的策略，有時會變成目前最為可行的作法，這是因為人們有了彼此理解和關心的感覺，而開始願意轉變立場。即使找不到雙方都能接受的選項、只能滿足某一方需求時，你給予對方的理解和同理也能深化你們的關係，帶來長遠的助益。

> 需求表太長了啦！我一輩子都記不起來。

　　第一眼乍看可能會有這種感覺。我自己在熟悉這張表時，覺得以下三點很有幫助。

　　第一，這張表上的需求是有限的。人性並沒有善變到我們必須隨時擴充這張表。考慮到人有多複雜，我喜歡將人類生存與茁壯所需的一切需求，都寫在一張 A4 紙上就好，這樣相對簡單。

第二，漸漸習慣用需求的眼光看這個世界後，你會陸續認得生活中反覆出現的那些需求。其中有些就是你的指紋需求。大部分人只有幾項指紋需求，和幾項你將學會分辨的日常需求。各位可以將注意力集中在這些需求上。

第三，請不要逼自己背下這張表或不停地查閱。當你能逐漸以嶄新的眼光去看待自己和他人後，就會越來越擅長分辨出何謂策略、何謂需求。這張表主要的用途是提供一個參考基準，幫你找出在某種情境中發揮作用的需求，以及注意到哪些需求會一再出現，如此而已。

> 我覺得好複雜喔。

的確，一開始可能會有點複雜。關於這點，我有兩個建議。

其一，你可以回顧過去歷經的各種情境（或是擔憂未來會發生的處境），想想在這些情境下，你要如何善用需求理解法。若某種狀況一再發生，你就要練習下次再遇到、應該改用哪種作法。請注意，這些並非「正在上演」的情境，你只是在心中演練如何應付而已。請考慮先略過可能導致情緒起伏太大的情境，先從引發輕度至中度情緒的情況開始著手，比較適合。

其二，你可以選一項特別想練習的技能，先專心練習這個部分就好。例如，先學習和別人交談時如何帶著同理心去聆聽（Part 1），或是先找出你的指紋需求是什麼、出現在生活哪些方面（Part 2）。也可以試試改變自己表達感受的方式（Part 3），又或者是全神貫注鍛鍊語言溝通技巧，與對方攜手解決問題（Part 4）。請盡情使用你覺得最有效的方式來閱讀本書，吸收你所喜歡、對你有用的部分即可。

PAUSE BOX
暫停小格 ‖

設法記得需求
準備物品：需求表

將本書擺在隨手可得的地方，在需求表那頁夾上書籤。若能印出這張表，貼在冰箱上等容易看見的地方，那就更好了。

每次看見這張表的時候，請花點時間感受一下你當下的感覺。接著在表中找找看這種感受來自哪些需求。

如果你旁邊有其他人，也用同樣的方法來猜猜看他們有何需求。

人類的一切行為都是為了滿足需求。

重點回顧

→ 讓人際關係更快樂、更有收穫的祕訣：帶著同理心去聆聽、關心才能看清自己、把話說進心坎裡、行動顧及全員需求。

→ 請勿直接從問題跳到解決方法，而是將在場所有人的需求都納入考量，通常會找到更好的解答。

→ 生活中最為嚴重、一再發生的衝突，經常可透過未被滿足的指紋需求來解釋。

→ 即使關係中只有一方使用需求理解法，一樣能造成徹頭徹尾的改變。

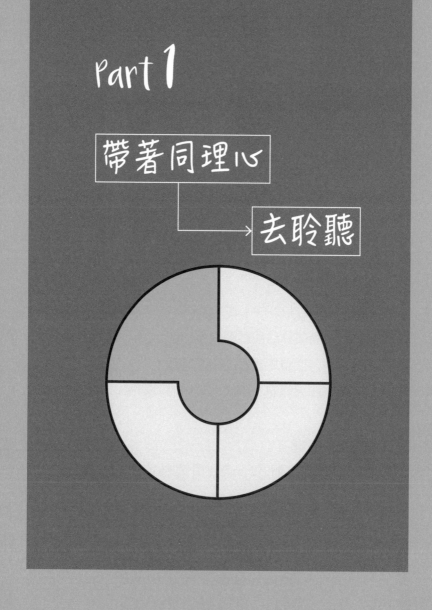

Part 1

帶著同理心

去聆聽

Listen with EMPATHY

Part 1 的重點在於如何帶著同理心去聆聽。許多人未曾意識到這點：我們慣用的聆聽模式，有時會阻礙與人之間發展出有效益的連結。改用同理的方式聆聽時，對話的雙方都較能互相理解，也能為我們打開可以滿足所有人需求的多元前進之道。

CHAPTER 2
這樣聽可不行：造成隔閡的十種聆聽地雷

- ◈ 阻礙連結的聆聽地雷
- ◈ 怎麼辦！我真的不懂聆聽！
- ◈ 四大問題，瞭解你慣用的聆聽模式

CHAPTER 3
這樣聽就對了：建立同理和連結的工具

- ◈ 同理聆聽好在哪裡？
- ◈ 同理心到底是什麼？
- ◈ 同理心如何增進？
  - ◆ 態度上：培養將心比心的態度
  - ◆ 話語上：找到真誠的同理話語
- ◈ 從同理到行動
- ◈ 關於同理的疑問

CHAPTER 2

這樣聽 → 可不行

造成隔閡的十種聆聽地雷

「嗯……看起來有點令人擔心，」醫生說：「我先幫你安排做掃瞄檢查。兩週內會再請你過來。」

我的胃猛地一沉。醫生是在告訴我，我胸部上那塊斑可能不是皮膚炎，而是乳癌的徵兆。我深呼吸了好幾次，讓自己專注在診療室、椅子、電腦上——什麼都好，只要能壓下心中升起的恐慌。

看完診回到家，我想了想怎樣能讓自己好過一點，最後決定找人談談、排解憂慮。於是我把我的擔憂告訴了幾個朋友、同事和家人。事後回顧，我相信聽我說話的每個人都想盡量給我關心和支持。不過，他們將關心傳達給我的程度，卻宛如天壤之別。

差別出在哪裡呢？就在於他們聽完後回應的話。以下是一些毫無幫助的反應。

「哎呀，我都被癌症嚇過好幾次了。我自己這三年已經做五次掃描檢查了！」

「這種人命關天的檢查，要等兩週也未免太久了吧？你應該明天就打電話去問問可不可以讓你先做。」

「別想太多。我相信一定沒什麼。」

為什麼我覺得這些話沒有幫助？因為我還沒心情知道親朋好友們從得病的恐懼、直到結果沒事的經驗，也不需要不請自來的催促建議。而且當別人叫我不要多想，我不會覺得安心，只會覺得自己的話都沒被聽進去。

換個心情，以下這些反應確實讓我好多了。

「哇，聽起來滿恐怖的。那你現在心情還好嗎？」

「你想聊的話我隨時都在。但不用有壓力喔。你想聯絡再聯絡就好。」

「如果你希望我陪你去檢查，我隨時奉陪喔。」

這些話為何充滿支持的力道？聽見有同事肯定我的恐懼，並問起我的感受，讓我有機會吐露一些我真正的擔憂。我老弟說想聊的話隨時都能聯繫他，同時也讓我知道無須惦記著要向他報告後續狀況，也不必安撫他。至於畢生好友先對我說了許多充滿同理和理解的話之後，還提議陪我去做檢查，這告訴了我，她明白這件事有多重大。

PAUSE BOX
暫停小格 ‖

探索被聽見的感覺
準備物品：一支筆、一張紙

回憶或想像某個讓你難過或生氣的情況。你想尋求支持，於是和一個朋友或親人談談，卻覺得自己的話沒有被聽見或理解。花點時間，記下對方是說（做）了什麼給你這種感覺。例如：「她一直在看手機。」或「他根本沒聽我說，就直接開始講他認為該怎麼做。」

接著想像相反的情境。這一次，你還是很難過或生氣，但向別人尋求支持時，你覺得好像有人懂你了。記下對方說（做）了什麼給你這種感覺。比方說：「他真的一直看著我的眼睛。」或「她讓我清楚知道，我想說多久她都樂意聽。」

閱讀下面關於慣用聆聽模式和同理聆聽的章節時，別忘了你對這兩種感覺有何發現。

　　以上這些反應你可能都經驗過，有時你是說話的人，有時是聆聽的那一方。第一類是毫無幫助的反應，來自慣用的聆聽模式。它們反映了一些我們長年以來的思考習慣，而且多半是無意間養成的，我們也沒意識到自己有這些慣性思維。而問題就出在每當有人向我們傾訴、希望說話有人聽時，做出這些反應會在我們和對方之間瞬間築起一道阻礙連結的牆。

需求理解法的第一條核心原則是「人的一切行為都是為了滿足需求」，因此聽別人說話時，我們需要找到一條「通路」進入他們的世界，才有可能知道他們到底看重什麼。而這就是同理聆聽的作用。

阻礙連結的聆聽地雷

回到我們慣用的回應。以下是十種根深柢固的聆聽地雷模式及範例：

「要演講真的好可怕，一想到這件事我就緊張得想吐。」

建議	「你應該請個專業的老師來教你怎麼準備。」
補救局面	「沒關係啦，一下子就過了。」
解釋／辯解	「唉，我應該早點陪你練習的。」
講故事	「你要演講嗎？好厲害！我上個月聽了一場超棒的演講……」
追問事實	「你上次演講是多久以前？有沒有用投影片？」
更勝一籌	「那沒什麼啦！我上次做簡報還真的吐了，只好趕快逃下台。」
展現幽默	「你一定沒問題的！但這次不要再帶錯簡報檔了唷！」
指導	「上台簡報本來就很難，講不好也別在意。」
無視	（忙著在想要說什麼忠告）
以己度人	「你說的我完全懂。那種怕得要死、好幾天睡不著的狀態真的好討厭。」

有沒有哪些回應你也用過呢？讓我們來看看為何這些模式作為第一反應，無法讓對方感受到我們是真心支持。

建議：這是人們慣常的經典反應。我們急於解決問題，一時以為自己知道怎麼做最好，並據此給出建議。結果對方可能就不再訴說自己的感受了。

補救局面：我們沒去探究說話者的感受，只想讓他們感覺好過一點。這樣做可能會讓談話只能劃上句點。

解釋／辯解：我們認為對方是在批評我們或他人，結果沒有好好傾聽，而是立刻切換成解釋或辯護的模式。

講故事：我們不再聆聽對方說話，而是開始離題、講起自身經驗。這可能導致對方有被忽視的感覺。

追問事實：提問有助於多瞭解一點對方的故事。但當我們喧賓奪主、把話題導向自己感興趣的部分，問題就產生了。有時在這兩種情況下，問題內容其實一樣，只是提問動機不同，就會讓聽者產生不同的感受。一種聽起來是鼓勵他們繼續說，另一種則透露出說話者只想談自己有興趣的事。

更勝一籌：我們想和對方分享我們也有類似的遭遇，只是自己遇到的情況更嚴重。這會將談話焦點轉回我們自己身上，導致對方不願再談。

展現幽默：對話過程中覺得不自在或手足無措時，我們有時會想開個玩笑，好緩解氣氛。但此舉可能會讓聽者以為我們是想迅速換個話題。

指導：對於另一個人遭遇的處境，我們表現出專家的姿態，而不是好奇他們自己怎麼解讀，也沒有先確認他們想不想聽我們的看法。

無視：這種反應可能是單純的分心，或是只想著自己待會要說什麼。無論哪一種，都會使我們注意不到自己以外的人事物。

以己度人：很多人會問以己度人（sympathy）和同理（empathy）有何差別。我認為兩者差別在於，以己度人是想像自己「以自己的身分」站在他人的立場。（例如：「你損失那麼多錢一定很生氣，換作是我就會生氣。」）同理則是想像自己「以他人的身分」站在他人的立場。（例如：「損失了那麼多錢，對你有什麼影響？」——不帶預設，只單純地想瞭解對方的世界。）做出以己度人的回應，可能無法讓談話對象感覺被聽見。因為我們只是在闡述自己對於他們處境的既定想法，而不是試圖理解他們的觀點。

以下再提供一組範例：

「你會不會覺得我最近太少陪我家小孩了？」

建議	「可能喔。你要不要考慮從全職改成兼職？」
補救局面	「我看這是小事啦！我爸媽不常陪我，我也好好的呀！」
解釋／辯解	「其實我陪我家小孩的時間還沒有比你多。」
講故事	「我辦公室一個同事也遇到同樣的問題。她……」
追問事實	「他們參加多少社團？每週都有活動嗎？」
更勝一籌	「你們家已經很好了！我忙到連見小孩一面都難。」
展現幽默	「哎呀，反正不要哪天路上遇到認不出來就好了。」
指導	「養育孩子最重要的，就是要多花時間用心陪他們。」
無視	（低頭滑手機）
以己度人	「你一定很擔心再不多陪陪他們，他們可能會變壞吧？」

最後再來一組……

「每次都要幫喬改她的報告，我快煩死了。」

建議	「要是我的話，就會叫她先自己做好拼字檢查再交上來。」
補救局面	「還好只是小錯。有些人更糟糕。」
解釋／辯解	「你是不是對她太嚴格了？」
講故事	「我以前有一個屬下也是這樣……」
追問事實	「是什麼樣的報告？」
更勝一籌	「至少你還能準時下班。我昨晚改小組報告改到十點才回家。」
展現幽默	「你是拯救她的大英雄！」
指導	「像這種時候，你可以趁機讓她好好改進寫作技巧。」
無視	（回想自己何時要交報告）
以己度人	「我懂你的感覺。有些人就是懶，寫什麼都不檢查，才錯誤連連。」

慣用聆聽模式的類別很多，你也可以用自己喜歡的方式來歸納分類。這些範例是想向讀者展示人們常會不自覺中養成的各種聆聽習慣，導致別人覺得沒被聽見。

怎麼辦！我真的不懂聆聽！

第一次接觸到這些時，我認為自己一定是完全不善聆聽的人，只想吶喊：「我一直以來都是這樣回應別人呀！」我覺得我一天到晚都在踩雷，很懷疑自己有辦法改善。其實我的反應並非特例——我在教人們這個主題時，大家也是一再發現自己說過與範例類似的話，所以有同樣發現的你，絕對不孤單。關於這點，以下三種思維或許有助改善。

其一，你慣用回應的方式，只是使用時機不對。給建議、開玩笑、講故事的效果都不錯，但唯有在你先同理另一個人，使他們感覺被聽見、被理解和接受之後，你的方式才有效。無須將習慣的回應方式一概捨棄不用，你該想的是怎麼調整說這些話的時機。

其二，學習新知的過程必然會度過「知道現在的作法沒有助益，但還沒學到替代方案」的階段。學習同理他人，需要時間和毅力，通常得要好些日子才能將同理變成我們自動的反應。

其三，你所慣用的回應，一定是為了滿足你的某種需求。比如說，有個女人下班回家，看見丈夫正把晚餐放進烤箱。「我今天糟透了，」她說，丈夫回答：「晚餐還要半小時才會好，妳要不要躺一下？妳先休息，我來做菜。」

出乎他的意料，妻子看起來很失望。在丈夫覺得自己是在幫她出主意，提議她趁晚餐前休息一下。他會如此回應，是為了滿足他「對她有所貢獻」的需求，而他企圖完成這點的方式，是為妻子想出一個他自己會覺得有效的辦法。但他不知道妻子有被聽見的需求。丈夫這樣回應，只會讓妻子覺得丈夫不想聽自己傾吐心事，更糟的是，她還得提醒自己必須感謝丈夫。若要同理地回應，丈夫或許可以問她今天怎麼了？想不想多說一點、讓他知道妻子為何心情很糟？或者他也可以直接問她，怎麼做最能幫上她的忙？這兩種方式都是直接了當地去瞭解她有何需求，而不是根據自己既定的想法去預設她怎麼想。

思考這些時，還有一點值得放在心裡：人們不想再談的時候，往往是因為一次要面對的問題太多了。也許丈夫自己今天也很累，沒有多餘的心力傾聽妻子的問題。在這種情況下，他可以回答：「我很想聽妳多說一點。但我今天也不太好，現在滿腦子都是自己的問題，恐怕沒辦法好好聽妳說話。要不然我們何不晚點開飯，先一起去跑步，等放鬆了再慢慢聊？」

四大問題，瞭解你慣用的聆聽模式

　　那麼，較好的作法是什麼呢？第一步，先找出是哪些慣用聆聽模式，阻礙了你與他人建立連結。認出自己最常用的幾種回應模式之後，你就能開始判斷什麼時候這些回應有益無害，選擇在適當的時機使用。第二步則是學習改用同理的方式聆聽，這個步驟將是下一章的主題。

　　本章接下來要提供四個問題，協助讀者探索自己習慣的聆聽方式，以便在日常生活中辨認出它們，並思考有沒有想改變的地方。

問題一：別人的感覺會令你不自在嗎？

以慣用模式聆聽時，我們有時會企圖轉移話題，不再聚焦於對方的感受，因為我們沒自信自己能夠處理。可能的原因不少，而瞭解這些因素有助於改變聆聽習慣。以下是部分因素：

「棘手」的情緒，例如恐懼、痛苦、憤怒、悲傷，會令我們不自在。也許在我們成長的家庭中，沒有情緒成熟的大人幫我們處理這類情緒。這表示我們並不熟悉怎麼用更健康的方式去處理棘手的情緒，因此一旦遇上，便會試圖以慣用回應來補救局面，或是乾脆避而不談。

過度認同他人的感受，而感到疲累不堪。健康的同理心包含瞭解另一個人是怎麼想的，同時也會體會到對方一部分的感受，但過度認同他人會釀成問題，可能使我們無力招架。先學會照顧自己的感覺，會讓我們更有餘裕地陪伴身邊的人。我們將在第二部（關心才能看清自己）探索辨識和處理自身感受的相關主題。

我們以為只要不去關注某人的感覺，它就會自動消失不見。我們認為這樣能讓對方好過一點，但事實並非如此。「感覺」是解決問題的最大關鍵，因為（後續章節詳細討論）感覺能提供有用的資訊，讓人知道目前問題出在哪裡。

我們以為自己知道怎麼解決問題，因此向對方提出自己覺得有用的建議。我們的想法也許很好，分享的時機對了，就能幫對方一把，但除非對方先知道我們「聽懂了」他們的狀況，否則他們極有可能不願意聽。

我們自己的情緒也很強烈，因此無法理解對方的感覺。當一個人自己也需要他人同理和理解時，就很難去同理別人。我們在任何親密關係中，時常會因為這點而導致失和，爆發危機，因為這些關係容易牽動我們的情感。因此，我們必須先照顧好自己的感覺，再與別人互動，才能理解雙方各自不同的觀點。

我們將對方的話當作是針對自己，因此忙著羞愧、生氣或捍衛自己，而聽不見對方所描述的感受。如同先前所述，我們需要先察覺及照顧自身感覺，才有辦法專心聆聽他人。

我們懷疑自己的聆聽能力、認為自己「很沒有同理心」或「每次都做錯」。這會導致我們的心思又回到自己身上，而且拉開了與說話的距離。就像後面將說明一個可以有效培養自我關懷的態度。在此狀態下，我們就能接納自我批判的想法，將注意力放回該放的地方──亦即說話者身上。

以慣用模式聆聽時，我們會將談話焦點從說話的人轉回自己身上。例如一心想著自己要說什麼而非專心聆聽時，又或者太快插嘴分享自身經驗，在在都會讓對方覺得我們好像沒在專心聽。找出此時你的焦點在哪裡，有助於保持以同理心去聆聽。譬如可以自問：「我要說（做）點什麼才不會岔開話題，繼續聚焦在我朋友身上？誰才是這場談話的主角？」

每當有人向我們傾訴問題，必然是希望從我們這裡有所收穫，就算他們（或我們）不是很清楚要的是什麼也一樣。因此，身為聽者的我們，可以在回答任何話前先在心裡自問：「他（她）需要我做什麼？希望我全心聆聽嗎？希望我幫忙出主意嗎？他（她）是期待我發表意見，還是什麼都別說？」這會有助於讓焦點始終都在對方身上，進而給出對他們最有用的回應。

還有，人們不是次次都想要或需要被同理。假設你家暖氣壞了，打電話請水電工來修，你希望的可能只是有人幫你修好暖氣，你不需要他們花上半小時來同理你暖氣不能用的慘況。有些時候，你會發現對方明顯只是想問些立即可行的作法，並不是需要有人當聽眾。這時你的建議和故事就能派上用場了。練習接收別人尋求的是什麼，你會更清楚該怎麼回應以及何時回應。

> 問題四：讓你不想發揮同理心的理由？

我們有時會對同理他人有所顧慮，因此儘管效果不彰，還是始終以慣用的模式聆聽。以下是幾項可能的顧慮：

同理他人通常比較費時，不像直接丟出一個懶人包或一句意見那麼快。然而，一旦你讓對方感到被聽見，找到好法子的時間，就會比跳過同理快上許多。

不是只有自認擅長聆聽的人才有同理心。下一章將探討的同理技能，是無論你覺得自己擅不擅長聆聽都能學會的。同理的本質其實很單純，雖然未必簡單。心理治療師希薇雅·布爾斯坦（Sylvia Boorstein）著有《坐下來，什麼都別做》（*Don't Just Do Something, Sit There*）[1]，該書談的是冥想，不過我覺得書名這句話也傳達了同理純粹的本質——亦即只需專心在場，聽另一個人分享他們怎麼了。有時我們會誤以為這很難，因為我們太習慣要插話、貢獻一些想法，也擔心「什麼都不做（說）」會顯得沒同理心。但事實上，展現同理並不一定要做什麼特定的事，擁有同理他人的這份心就已經成功一大半了。我下一章整章都要帶領大家瞭解如何在生活中實踐同理心，以及如何以自己覺得真誠的方式展現同理心。

1　Sylvia Boorstein, *Don't Just Do Something, Sit There: A Mindfulness Retreat* (San Francisco, Harper, 1996).

你可能以為同理他人就得失去自己重要的東西。有時候，我們害怕敞開心胸，以同理心理解和聆聽他人的觀點，就得被迫放棄自己的價值觀，接受自己不認同的作法。再次重申，需求理解法講求的同理，只是追求聽見他人怎麼想，不一定要贊同他們的想法。你可以堅持你的需求和價值觀，但選擇將關注完全放在另一個人身上。或許你會更理解對方的觀點，但於此同時，你也可以隨時回到你所珍視的部分。

同理聆聽亦可透過文字進行，例如寫電子郵件或在社群媒體發文私訊，也能產生和面對面交談一樣強大的效力。在一個書籍作者的臉書社團裡，我有個朋友發了一篇遇到瓶頸的貼文。她收到好幾則類似的留言：「你試過這方法沒？」「你怎麼不試試這樣做。」無論出發點多良善，但這些訊息透過文字呈現，各外顯得冷冰冰而沒有溫度。我和朋友談及此事時，她對遇到瓶頸的感覺已經糟到不能再糟，顯然不可能考慮任何建議。她想尋求的其實是初步的同理回應，例如：「李的狀況聽起來真的很困擾耶。」如果她的憂慮有多少被聽見，或許她就能用更開放的態度，去接收臉友提供的實用訣竅了。

下一章，我們將仔細探討如何同理地聆聽，也將介紹幾種方法，讓我們可以把焦點維持在說話者身上，讓他們有機會坦承自己的感受，感受到說的話有人真心在聽。

我們經常出於習慣，且往往會在還沒聽完他人想說的話之前，不自覺地就開始發表自己的建議或意見，導致對方無法繼續訴說自己的感受。

重點回顧

→ 人不擅長同理聆聽，有時是因為對自己的某些感覺不自在。

→ 先讓對方感覺被聽見和理解，就會比較願意聽聽我們的觀點。

→ 同理聆聽是瞭解他人需求的第一步，而瞭解這些潛藏需求，會帶來更有裨益的對話。

CHAPTER 3

這樣聽 → 就對了

建立同理和連結的工具

　　我們已經發現，有些聆聽模式會在無意間阻礙我們與他人連結，現在就來看看有何更好的作法吧。接著將從各方面探討如何帶著理解和洞察聆聽他人，以便能在諒解彼此需求的基礎上與他人建立關係。這樣的聆聽方式能引領你一步步邁向更圓滿的工作與生活。

　　說明了大方向，本章將探討：

⇒同理聆聽能帶來什麼幫助？

⇒同理心是什麼？

⇒怎樣才能更有同理心？

⇒運用同理心時常見的問題。

同理聆聽好在哪裡？

　　當初認識伊恩時，他正為女兒莉蒂亞想從預科學校（sixth form college，英國特有中等教育制度，學生年齡介於十六歲至十九歲，相當於大學先修班）退學的事煩惱不已。莉蒂亞成績優秀，完成學業只是遲早的事，他花了好幾週向她解釋應該繼續唸書的理由，卻還是沒能「讓她聽進去」。而這種作法只是讓父女的歧見

更深，伊恩已經束手無策了。而他在聽說同理聆聽後，決定換個作法試試看。伊恩不再試圖說服莉蒂亞，而是決心將父女之間的連結擺在第一位，當父親的只要聽她想說什麼就好了。有天開車時，伊恩問起莉蒂亞的學校生活，而且絲毫沒有勸她打消退學念頭的企圖。

「壓力真的很大，」莉蒂亞說：「功課好多，每天通學時間又那麼長。同學沒什麼不好，但我在學校並沒有真正的朋友。我覺得上學根本就是浪費時間，我討厭這樣。」

伊恩聽完後，說自己看得出她不開心，然後讓她繼續說下去。聊到最後，他感覺莉蒂亞也換了一套相處模式，而且「聽懂了」（getting）伊恩是真心想懂女兒的心。他發現，可以與莉蒂亞相處融洽，比讀不讀預科重要多了。而這股能量的變化也讓他變豁達了，他已經能抱持開放的態度去接受女兒的未來有無限可能。

最後，在爸爸的支持下，莉蒂亞離開學校並找了份工作。六個月過後，她決定回到學校取得進階中學學歷（A levels）——這是她自己做出的決定。關於希望孩子未來如何發展、怎麼介入等，每位父母做過的選擇不盡相同，但重點是，以同理的角度來面對情境，就能開啟新的可能，扭轉僵持不下的問題。五年後的今天，伊恩認為車上那次談話是關鍵契機，開啟了如今和諧美好的父女關係。

伊恩的故事，也凸顯了同理心有助於解決難題的兩個原因。

其一，同理心能協助創造良好的連結，讓關係更加充實、舒服。無論對象是路上遇見的人或你最愛的家人，展現同理心都能使對方明白：你已經聽見了他們的話。

其二，同理心讓人有機會找到雙方都能接受的解決方法。人在感到真正被聽見時，會將能量用在「問題解決模式」。我很喜歡劍橋大學心理學暨精神醫學系教授西蒙‧拜倫柯恩（Simon Baron-Cohen）對此的形容：「同理心就像一種萬用溶劑，無論什麼問題泡進去，都可以順利溶解。」[1] 有鑑於人類面對的種種困難，資訊龐雜又包羅萬象，不難想像我們的世界要是能更重視同理心，造成的變革會有多巨大。

同理心到底是什麼？

既然同理心對創造連結如此重要，我們先來釐清它究竟是什麼。同理心的定義不一而足，從需求理解法的觀點來看，我覺得最有幫助的一種定義是：「我全然接納且不帶批判，去理解你的經驗和感受。」再白話一點，我會說同理就是：「用你知道我有聽懂的方式聽你說話」（getting you so you know you've been got）。

現在請讀者想像兩座島嶼。你人在其中一座島上，而對方在另一座。當你同理另一人時，就像是你離開了自己的島，划船到了他人的島上。上岸時，你發現這裡的氣候不一樣、植物很陌生、地形看起來神祕費解。你開始好奇住在這座奇異島上會是什麼感覺，想像著你要好好探索這裡。當然，你隨時都能回去你熟悉的那座島，但在這裡作客的期間，你選擇暫時拋開關於家鄉的念頭，專注於另一人正在向你展示的這個新世界。同理他人的感覺就類似於此。

同理心的特點包括無條件的接納和給予溫暖，因此同理的方式，必須讓對方明白他們的話有完整被接收和理解，你有「聽懂」他

---

1 Simon Baron-Cohen, *Zero Degrees of Empathy: A New Understanding of Cruelty and Kindness* (London, Penguin, 2012).

們的經驗全貌。這不只是在理性上理解對方——亦即可以想像他們的感覺，但還不到投入情緒的程度。完整的同理，需要你感同身受地體會對方的立場、透過對方的眼光看世界，就像你變成那個人一樣。但僅限於拜訪他們島嶼的這段期間。

同理心如何增進？

過去有許多年，我始終認定自己就是做不到同理，無法共感他人。這個打自己臉的定見十分困擾我，因為我一直渴望成為擅長經營人際關係的人。諷刺的是，因為擔心自己缺乏同理心，反而阻礙了我學習何謂同理。因為我越是忙著糾結這點和沒有安全感，越是無法在對話時專心聽人說話。直到現在，每當有人說我是個很棒的聆聽者，我都會在心裡偷笑，因為以前的我可完全不是這個樣子。

同理是一項可以習得、也能大幅改變人與人之間關係的能力。同理使我們有機會用大家都能接受的方法解決難題，也能發揮潛力將自己的生活——以及周遭世界——打造成更美好的地方。

培養同理心並沒有一套標準作法，不知從何下手的話，可以考慮從兩個領域開始：

●態度上：培養將心比心的態度

●話語上：找到真誠的同理話語

態度上：培養將心比心的態度

要增進同理能力，首先要奠定基礎，亦即以關懷的角度去看待自己和他人。練習戴上你的需求眼鏡，先看清楚每人言行的背後一切都是為了滿足需求，你也會逐漸獲得鼓舞和啟發，進而去聆聽人們話語和行為背後真正想要的東西。遇到想和某人深化連結的情境時，你可以這麼做：

一、確認自己情緒上有餘裕去聆聽

二、投入全副注意力

三、從關懷的觀點著眼

一、確認自己情緒上有餘裕聆聽

如果才剛累了一天、接完一通報告壞消息的電話，或碰上了突如其來的難題，你可能需要先給自己一段時間復原，才有心力去陪伴他人。假設你一直不滿另一半工作晚歸、每天都丟你一個人在家做晚餐，兩人已經為此吵了很久。那麼，在對方剛進家門的那一刻，你恐怕沒有心情能好好討論這件事。當我們將關注集中於自己的思緒上，像是那些壓力極大、沮喪、生氣的時刻，我們很難真正聽見任何人說的話。同樣情形也發生在自我批判時，例如：「我怎麼就是聽不懂人話」、「我又搞砸了」、「我為什麼每次都這樣？」

我們將於下一部討論如何處理自責與責怪的想法。現階段，不妨考慮先從不太困難的情境開始練習同理。你可以在別人訴說開心的事、與所愛之人相處時開始，試著移動前往對方的島嶼。當你發現自己想插嘴、發表建議或意見，在心裡記下這些時刻，同時告訴自己忍住，繼續保持沉默。

這點很重要，因為我們最想改變自身聆聽方式的場合，往往是那些我們最容易重蹈覆轍、做不出改變的場合。我們可能深切渴望解決某段關係的癥結點，對方或許是伴侶、父母、小孩，或是某個很會惹毛他人的同事。請相信一切都能迎刃而解，但一般來說，除非你可以先習慣在簡單情境中同理他人，並擁有克制自身反應的那些工具，否則這個挑戰簡直是不可能的任務。當你的心有餘力去同理他人，也意味著你不會太過疲於應付自己的問題。

二、投入全副注意力

對大部分人而言，這件事聽起來容易，做起來比較難。你可以採取一些實際步驟來幫助聆聽，例如關掉手機、確認不會有外人打擾等等。但即使做到這個地步，你可能還是會發現心思不受控制。有數不清的無形事物能使你分心，像是你對他人的說法有何看法、今天晚餐要吃什麼等等。這就好比你難得去對方的島嶼作客，卻一直抬頭注意天邊聚積不祥的烏雲，滿腦子都在想待會該怎麼回家。

發現自己的思緒開始亂飄時，你可以將此視為好的跡象，因為這代表你知道自己分心了，也就能設法解決。不妨試試將這些發散的思緒輕輕放在一邊、跟自己保證晚點再回來處理，先將注意力放回說話者身上呢？根據我的經驗，無論聆聽和同理的練習做得再久、再扎實，我們在談話時還是不免會出現四處飄游的思緒。改善的方式不是扼殺這些思緒，而是學會不帶自我批判地先將它們暫時壓下來、擱在一旁，如此才能繼續將注意力集中在對方身上。

三、從同情的觀點著眼

戴上需求眼鏡時，你能看出對方說的每句話、做的每件事，都是為了滿足潛藏的需求。想要有個好的開始，可以先問自己他們渴望得到的是什麼？他們重視的又是什麼？他們為什麼會說那些話？在需求的國度裡，你不必認同對方的想法或行為。只要想辦法弄清楚他們生活的這座島，究竟是什麼樣的地方。

有時候，你會發現自己一面聽，一面開始覺得對方的話處處針對你，或是開始產生批判對方的念頭：「他幹嘛做這種事啊？」或「你早該知道會這樣呀！」而這可能又會讓你陷入自責：「我又來了，學了那麼久怎麼還是不會好好聽？」或「我真是個爛朋友！」要是你的力氣都被自我防衛、辯解、批判等等消耗殆盡，就沒辦法去同理他了。要是你在聆聽時企圖轉變他人的想法，也會發生同樣的慘事。接下來會討論如何轉化這些批判性的想法，目前不妨先盡量將腦中的念頭擱到一旁。

PAUSE BOX
暫停小格 ‖

發現別人「不要」背後的「要」

有個滿有意思的方法可以練習同理聆聽，那就是問問自己，當別人說「不要」，背後的「要」可能在哪裡。換言之，當別人「不要」你的某項提議時，他們「要」的是哪些需求？他們優先重視的是哪些需求？

以我和女兒的故事為例，她拒絕去咖啡店時，「不要」是對出門這個爛計畫說的，而「不要」背後的「要」則是對她需要的樂趣和自主選擇所說的。當一位同事表示「不要」在某件工作上幫你時，她「要」的需求可能是獲得刺激和興趣，或是擁有個人空間和休息。猜測別人「要」的東西是什麼，能幫助你尋找對自己和他們都可行的辦法。由此觀之，「不要」其實是另一場對話的開始。

你可以用這個方法回顧最近的人際互動。別人給你的那句「不要」，背後可能潛藏了哪些需求？

猜測事情涉及的需求，是否改變了你對這些「不要」的感覺呢？

話語上：找到真誠的同理話語

　　你旅行到了另一個人的島上，正在四處研究這座島，這時會需要哪些工具來協助探索，比如火把、鏟子、望遠鏡？同理他人時，你的話語就是你的道具。不過，有時要找出正確的道具並非易事。在你實驗各種說法、尋找自己真誠語言的過程中，若有些參考語句可供一試，也許會有幫助。你甚至可能發現，光是持續照樣造句來說出這些話，也能「弄假直到成真」（fake it until you make it），幫助你培養將心比心的態度。

另一種可能是，你會覺得這裡提供的參考用字或語句限制了你的發揮。若是這樣，大可忽略它們。當你擁有將心比心的態度，任何話語都可能產生效果。同樣地，倘若不是真心同理他人，就算說的都是「對」的話，也很難讓聽的人感受到同理心。

若讀者樂於參考建議，以下是五個可以盡情嘗試的作法：

◉沉默

◉提示

◉總結

◉肯定對方的感覺

◉猜測對方的感覺或需求

沉默

同理的重點，在於讓說話者感覺到我們全心全意在場，而且不一定得透過言語來表示。除了聲音，沉默、眼神交流或肢體語言，也能同樣有效地讓對方知道我們在場。如果你和我一樣，個性上習慣用言語表達，或者對於該說什麼容易想得太多，那麼靜靜陪伴對方不失為一個好選擇。

沉默也是學習同理的一個簡單方法。因為閉上嘴時，你不必思考該說什麼，可以練習怎麼專心在場。不妨在開會或談話中試試看這樣做。將好奇心維持在說話者身上，並且在回應之前，先問問他們還有沒有什麼要補充。

提示

提示說話者的目的，是幫助他們在述說事情的過程中感到信心。這種方式可以讓人知道你有在聽，而且有興趣繼續聽下去。與上一章討論的慣用聆聽模式有點像，我們要瞭解「釐清故事」和「追問事實」之間的差別，而此時你是想聆聽你覺得對方最想說的事，而不是將話題帶到自己喜歡的方向。

以下開放式提示可供參考：

「然後呢？」

「那你感覺怎麼樣？」

「還有嗎？」

「這樣啊……」

總結

總結或提出意見時，可以盡量掌握另一人話中的重點，並將你對此的理解全部回饋給他們。你不需要一一去對應他們說過的話，而是總結你覺得他們所在乎的事。

以下是總結時可用的起手式：

「感覺你是說……」

「聽起來……」

「你的意思是……嗎？」

「我的理解是……這樣對嗎？」

肯定對方的感覺

這樣做可以讓對方知道你有在聽，效果驚人，因為意味著你知道對方的感覺及其重要性。這裡的「肯定」並不代表你必須同意對方的觀點或贊同對方的選擇，而是意味著你懂。以下提供可行的範本參考：

「我能理解你為什麼會擔心，畢竟你之前的經驗是那樣。」

「就我知道的部分，我可以想像……」

「他那樣說，難怪你會生氣。」

猜測對方的感覺或需求

要持續讓對方知道你有在聽，而且關心其感受，而你需要和對方的感覺和需求有所連結。這些都做到後，你就可以大聲說出你的猜測。

「所以你是希望開會時不會鴨子聽雷嗎？」（猜測需要理解）

「你想確認自己雖然不是經理，但是整個團隊的重點人物嗎？」（猜測需要被欣賞或得到應有的認可）

「大家都不聽你說，所以你很沮喪嗎？」（猜測感到沮喪、需要被聽見）

「我猜你很高興有進展了吧？」（猜測感覺興奮）

猜測感覺或需求時，你的目的不是找到「正確」答案。事實上，猜對或猜錯一點關係也沒有。重要的是，你藉由猜測將談話帶進了感覺和需求的國度裡，而這些可以讓你們相互理解和建立連結。況且，若你猜錯了對方的需求，對方可以糾正你，於此同時，猜錯也等同於破冰、打開話匣子，對方可以開始敘述他們到底怎麼了。

　　不過，猜測也有需要小心的地方，亦即它可能導致你過度理性，忙著用大腦思考另一人的感覺及需求。把你自己和自己的感覺區分開來，並不是建立連結的好方法。此時你的目的是切身體會到對方為何會那樣說（做），並專注於他們的感受上。若你發現猜測會讓你分心，不如試試換個方法。

從同理到行動

　　作為聆聽者，察覺一場談話中何時該讓同理心退場了，也是十分有用的事。你可能會在聆聽時發現某些跡象，告訴你說話者已得到充分同理、相信自己被聽見了。他們可能停止說話、長嘆一聲或語氣轉變。有時可能是對方整個身體呈放鬆狀態，例如肩膀不再緊繃或是臉上表情舒展開了。

　　而通常這時正是採取行動的好時機，說話者接著便能輕鬆無礙地開始思考下一步該怎麼做。你會注意到，經過同理而做出的行為，所迸發的能量之大，迥異於沒有同理。人類在自己說話沒人聽時，可能慌到開始不擇手段，但在覺得有人同理自己而安心時，則比較容易有餘力去面對問題，還能激發無限想像去找到解方。這時你就能問自己：「我現在做什麼最能幫上忙？最能創造連結？我最能為他（她）做出的貢獻是什麼呢？」接下來無論對方是靠一己之力找到法子，或是你們同心協力一起想，都極有可能是最終決定採用的好點子。

我剛開始設計線上課程時，加入了一個導師社團。某次聚會時，有位叫拉迪卡的女士講完電話才入座，看起來心不在焉、大受打擊。拉迪卡很少這樣，平常的她總是條理分明，氣勢很強。她告訴大家自己有一門課很不順利，於是我們欣然貢獻了各種實用訣竅和建議。她認真把建議都抄下來，但我不知道她是否有聽進任何東西。而且我逐漸覺得在她能實行、甚至於思考這些建議之前，她可能最想先得到的是一點同理。

　　「拉迪卡，」我對她說：「妳今天樣子怪怪的。這是我的猜想啦，妳是不是有什麼事想說呢？要不要我們大夥都先停下來聽妳說？」她一聽就哭了，很顯然問題並非她剛才所說的開課煩惱，而是藏在更深的地方。後來她寄了一封電子郵件給我，說她感覺好多了，而且也開始能應用大家給的建議了。

關於同理的疑問

> 我可以去同理一個生我氣的人嗎？

　　簡答的話是當然可以。然而，對多數人來說，這是同理他人最困難的一點。對方可能在生你的氣，也可能是被別人惹惱後遷怒於你。儘管這種處境很棘手，不過越是這種時候，展現同理就能產生最強的威力——人們很少遇到自己生氣的對象，反過來關心自己的需求。

　　既然這種處境很難應付，我會建議先從不那麼難的情境著手練習同理。本章先前提出的對話範例，是為了讓這種讀者參考：想要好好聆聽他人的憤怒又不會覺得對方是衝著自己來的（也無須放棄自己的立場），同時還能尋找有建設性的方法，讓關係更進一步。每當能同理一個討厭「我們」（及我們所代表的一切）的人，這個世界就能從兩極分化、朝著人與人更緊密的理解與合作，又前進了小小的一步。

> 同理和以己度人的差別在哪裡？

　　這點先前提過，不過我想在這裡再稍加探討，因為著手實踐同理時，我們需要釐清兩者的區別。在「以己度人」的情況下，我設想以我的身分站在你的立場，用我的理智、從我的觀點去想像你所面對的處境。而在「同理」的情況下，我一樣設想站在你的立場，但這次我試圖從你的觀點、用我的思考及感覺去體會這個處境。就彷彿我感受到此刻身為你的感受，考慮到你的身分和你的經歷，而不是想像換作是我會如何。

> 同理是否只是達成目的的手段呢？

　　真正的同理就不會只是手段。很多時候，人們將所謂「同理」當成工具，用來勸人改變心意：「我懂你的意思，但……」或「我明白你為何這樣想，不過……」這麼做，只是在運用某種類似同理的東西，試圖軟化對方的態度，讓他們接受你的觀點。

同理他人時，動機至為關鍵。如果是為了達成目的才展現同理，另一人多半會察覺你的意圖，更堅守自己的立場。真正的同理，關鍵在於理解對方為何會有某種想法。這樣做能在雙方之間創造連結，觀點亦可能轉變。因為當對方相信你已「掌握到」（getting）他們的需求，也細心照顧這些需求，他們會更願意以開放的態度聽聽你有何不同看法。即使到頭來他們沒參考你的看法，至少你已經用真心去徹底理解對方的觀點、而非強迫推銷你的想法，光是這樣就好好維繫你們之間的關係了。

> 我該怎麼做，才不會被他人的感覺淹沒？

如果在同事之中，你是那個大家都會來找你商量、弄得你疲憊不堪的人，或者你是家族裡那個總想拉其他親人一把、反而自己快被壓垮的人，這已經超出同理心的範疇，而是過度付出了。

同理是為了與人產生連結，去體會對方的感受，就像去拜訪他們的島嶼——但只在那裡共度他們和你自己都覺得舒服的時光。你並不是要移居到那裡，非得記下當地的語言和風俗習慣才能回家。當你過度認同別人的感覺，將之當作你自己的感覺，因而覺得心力耗盡、而無法處理自己的問題，這就是過度付出了。後續章節中，我們會更深入瞭解哪些時候該照顧自己的需求，以及如何設定堅實的界線。

> 可以用我自己的同理方式嗎？

　　當然可以！只要是適合你和對方的、任何方式都行，譬如運用語言（或否）、保持沉默（或否）、做點什麼（或只是靜靜陪伴）。我朋友買瑪有個可愛的小故事。他聽女友艾瑪訴說為何她相信自己的新事業絕對會失敗時，買瑪先試圖給她建議、跟她保證創業一定會順利，但不久就意識到這樣做毫無幫助——他只是在試圖「修好」她。於是他暫時離開沉澱一下，然後想到了一個隱喻，他將女友的新冒險比擬為生小孩的過程。起初會有一小段時間的痛苦和混亂，但到最後都是值得的。買瑪並不擅長這種談話方式，但為了加深和艾瑪的連結，他樂意離開自己的地盤，移動到她的島上。艾瑪很感激他這番話，因為這個比喻也跟她的想法頗為接近。透過買瑪這番話和她看見他做出的努力，艾瑪覺得自己的話男友都有好好聽進心裡，兩人的關係因此變得更好了。

同理聆聽是可以學習的。

重點回顧

→同理聆聽需要你以對方和自己都覺得舒服的方式,與他人的感受交流。

→知道人們的一切言行都是為了滿足需求,能為同理聆聽奠定良好的基礎。

→聆聽時能用任何你自己覺得真誠的說法,來表達對另一人感受的理解。

→說話者知道自己得到同理時,比較容易發揮創意、另尋他法。

Part 2

關心才能 看清自己

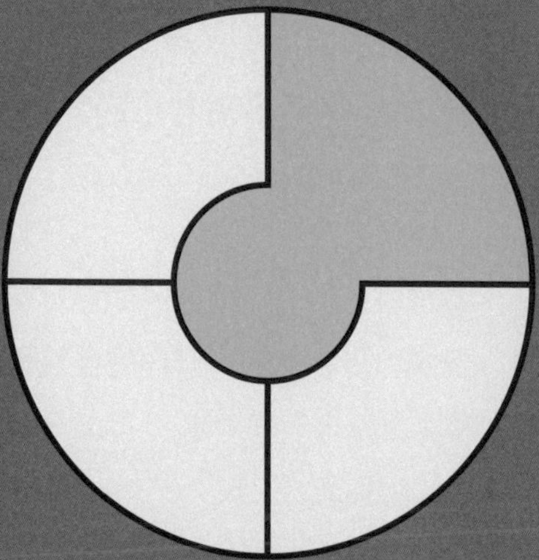

Understand yourself with COMPASSION

在 Part 4，我們要將注意力轉向自己的需求。人可能終其一生都不曾意識到自己的需求，也沒有發現它們如何影響著自己的思想和行動。對這些需求的認識越多，有利於我們好好照顧自身需求。如此一來，我們就會知道自己何時沒有處理好需求，進而知道如何改善。

CHAPTER 4

什麼讓你
動起來？

認識自己的需求

　　你發現你在對孩子大吼大叫。你抱怨老闆蠻橫不講道理。你覺得工作做得一團糟。你感到易怒、焦慮或心力交瘁⋯⋯每個人生命中都有各自的難題要面對，而透過需求的眼光看問題可以讓你輕鬆一點，少走一點歪路和少繞一點遠路。不喜歡的行動、不想要的情緒、對自己和他人的批判——不論身處何種情境，我們做這些都只是為了滿足需求。問題在於，有時我們滿足需求的方式，對自己和他人都毫無益處。

　　讓我們重溫一下需求理解法的兩條核心原則。

　　原則一：人的一切行為都是為了滿足需求。

　　原則二：採取顧及全員需求的策略時，我們的世界運轉得最順暢。

　　帶著同理心去聆聽別人、進而發現他們的某些需求，將會產生強大的威力。但我們自己的需求呢？如何知道自己有什麼需求？找出這些需求有何好處？接下來將探討如何以有同理心的方式，將需求理解法應用於我們自身。

　　關注自己的需求，最初可能令人有奇怪或不自在的感覺。有些人不習慣探索自己的內心世界，覺得這樣做是一種自我放縱。也有人覺得自己的需求不算重要，但一旦真正發現自己有需求時，

又認定滿足自身需求是任性、甚至是不可取的行徑。也有些時候，我們早已應付不了自己的需求，卻不曉得該拿它們怎麼辦。因此，需求理解法要提供找出和滿足自身需求的辦法，讓我們能活得更豐富精彩，同時也為更廣大的世界做出有效的貢獻。

本章的目的，是提供讀者一些發現自身需求的方法。認識自己的需求，將有助於面對棘手的情緒、有效地溝通、更有心力陪伴他人，以及找到對自己和大家都可行的問題解方。下一章，我們將會檢視當你處於特別困難的情境時，有哪些額外的小訣竅，可以真正讓你學到的理論和方法開花結果。

如何連上自己的需求

前面我曾形容，同理聆聽就像從你的島嶼航行到別人的島嶼，看看他們島上是什麼樣子。現在，我想邀請讀者好好看一看自己這座島。或許會發現你的需求就像島上的清澈溪流，涓涓潺潺、蜿蜒交錯，滋潤大地並養育著周圍的一切生命。

當你好奇自己為什麼會做出某樣行為，可以問自己：「我這是需要什麼呢？」有些時候，你馬上就能發現溪流在哪裡，看出自己是怎麼一回事。查看需求表也許有所幫助，但多數時候，要找到自己的需求得經過一段時間的練習。它們可能藏在錯綜複雜的森林深處，或是你實在不想鑽進去的黑暗岩窟中。它們甚至可能潛伏在地底下，讓你連從何找起都毫無頭緒。

需求雙嚮導

幸運的是，你的島上有兩種知識淵博的嚮導，他們都很願意幫忙。嚮導會提醒你注意需求，為你指出尋找的方向。這兩種嚮導各有各的特色。其一是變化萬千的天氣，代表著你的感覺；另一方是一群神話怪獸的集合體，代表著你的批判想法。它們聽起來可能不太像夥伴，但你確實能借他們之力，探索各種棘手的處境。

讓我們暫停一下，先記住這件事再繼續向前，那就是通常在激烈的情境中，最難找到自己的需求。各位可在盛怒或情緒激動之時求助於你的嚮導。隨著慢慢練習且熟能生巧之後，你會真正發現自己有何需求，也能判斷需求會在哪些時候出現，久而久之，這些嚮導就會逐漸地與你日常的思考模式融為一體、密不可分了。

嚮導一：天氣（你的感覺）

第一種嚮導是天氣——換句話說，就是每個人變化莫測的感覺。它可能是一縷清風、一股猛烈的暑氣或一陣冰冷的大雨。就像天氣一樣，人的感覺有各種型態，而且說變就變。

假如我問：「你現在是什麼感覺？」你可能答得出來，也可能答不出來。對每個人來說，體會情緒和描述情緒的難易度，各不相同。有些父母的教養方式，讓我們從小就學到一套表達和控制情緒的方式，有些則不然，我們可能不斷被告誡「生氣不好」或「沒必要傷心」，因此學到有些感覺不該表現出來。我們成長的家庭中，家人或許會以令人恐懼的方式來表達哀痛、暴怒等激烈情緒，造成了我們的不安全感。結果可能是，成年後的我們仍不

清楚該如何處理自己的感覺。我們可能壓抑某些情緒，又會被某些所吞噬，或者感到麻木、與自己的內心世界失聯。

然而，一旦開始學習注意自己的感覺，我們就能將之當作自己潛藏需求所發出的信號。快樂、滿足、喜悅等情緒，一般而言是需求已被滿足的信號；憤怒、悲傷、焦慮等情緒則告訴我們有需求未被滿足。

例如，你覺得不快樂。你的不快樂可能來自於什麼需求？也許你需要與人擁有親密感，而此刻這個需求未被滿足。又或者你需要的更像是連結或陪伴？再打個比方，你為了要出門野餐而感到開心。這時你的哪些需求被滿足了呢？是重獲青春朝氣、享受愉快時光，抑或是得到樂趣？前述這些感覺和需求之間的連結，只是讓各位參考的例子。實際上，特定感覺可以連結到的需求多不勝數，取決於你是誰，以及在什麼情境下產生了這些感受。

下表列出了各種情緒和感覺，協助各位看清楚自己屬於哪一種。同樣的表也單獨放在附錄中，方便讀者參閱。若你面對某個一再發生的特定場景，也很難明確指出自己內心的感覺，不妨試著關注「身體的感受」。

感覺表　LIST OF FEELINGS

Notes：此表將感覺彙整成數大類，供參考、找靈感用

高興：快樂、光明、喜悅、滿足、開心、幸福、勇敢、感激、自信、鬆了口氣、感動、驕傲、樂觀、喜出望外、溫暖、美好……

興奮：驚奇、覺得有趣、興高采烈、訝異、屏息、迫不及待、精力旺盛、熱情、醉心、有靈感、有興趣、著迷、被激勵……

平靜：冷靜、滿意、廣闊、幸福、滿足、放鬆、安全、清楚、自在、舒服、鬆了口氣……

關愛：溫暖、深情、溫柔、友善、敏感、同情、被滋養、信任、熱心、感動……

頑皮：精力旺盛、清爽、警覺、被激勵、興高采烈、大膽、迫不及待、好奇……

養足精神：放鬆、警覺、清爽、強大、有活力、充滿能量…

感謝：感激、欣賞、充實……

傷心：孤單、沉重、無助、悲痛、無力招架、遙遠、喪氣、困頓、錯愕、掛心、消沉、絕望、失望……

嚮往：渴望、懷念、懊悔、思念、心痛、遺憾、惆悵……

害怕：畏懼、恐懼、怕極了、緊張、恐慌、震驚、焦慮、孤單、抱持懷疑、狐疑、惴惴不安、憂心忡忡、受驚嚇、嫉妒、吃驚…

生氣：發火、挫折、憤怒、抓狂、憤慨、敵視、悲觀、怨恨、厭惡透頂、惱火、失望、不滿、難過……

困惑：猶豫、憂愁、難以取捨、不自在、擔心、憂心忡忡、茫然、心神不寧、不情願、沒安全感……

疲倦：筋疲力竭、無動於衷、無力招架、燃燒殆盡、無助、沉重、想睡、退縮、冷漠、無聊、懶惰、麻木……

不舒適：痛苦、不自在、受傷、淒慘、丟臉、羞恥、愧疚、不耐煩、煩躁、躁動不安……

當內在或外在環境發生新的狀況，身體也會產生反應，這些反應可以解讀為「感覺在說話」。舉例來說，彎腰駝背、身體緊繃時，可能意味著你煩惱或壓力很大。如果感到一股暖意或放鬆舒展的感覺，你可能剛好非常快樂。許多人往往太習慣用理性思考一切，結果忘了動用身體的感知能力。請記住，意識到物理感覺（physical sensations，又稱肉體感知）也是和自身感覺連接的一種方式。請參考附錄的物理感覺表，協助你辨認這些狀態。

PAUSE BOX
暫停小格 ‖

練習將感覺連結到需求
準備物品：需求表

你可透過這個「需求全身掃瞄」的小活動，練習將感覺連結到需求。可以考慮閉上眼睛來進行下列步驟。發現自己開始分心時，輕輕將注意力拉回呼吸和身體上。

需求全身掃描檢查

一、找個舒服的姿勢，深呼吸幾次，留意氣息進出身體的感覺。

二、將注意力集中在頭部。你注意到哪些物理感覺？也許是溫暖、緊張、跳動、緊繃等等。

三、從頭到腳，緩緩順過身體各部位，同樣注意各部位的物理感覺。

四、全部結束時，問自己：「有什麼詞可以形容我現在的感受嗎？焦慮？疲倦？滿意？暴躁？或是其他？」

五、看看需求表。問問自己這種感受可能來自什麼需求。如果你感到焦慮，是不是一直有自己「不夠好」的錯覺，需要相信你其實夠好了（knowing I'm enough）？如果你感到快樂，是不是因為你很喜歡今天和誰互動時的親近感？

六、回顧你的發現，想一想可以怎麼身體力行。

內心湧起特別強烈的感覺時，可以想想這些感覺是怎麼來的。還記得本書開頭討論需求表時，我們提到有些需求會一再重複出現嗎？這些就是你的指紋需求，可以喚起激烈的感受。與其他需求最大的不同之處在於，指紋需求會不斷重複出現，而且每次都能引發我們強烈的反應。不認識自身指紋需求的人人，可能窮其一生都不會明白自己為何會反覆出現「特定的」言行舉止。不過，倘若我知道哪些「跡象」該特別注意，就能以感覺為嚮導，找出自己的指紋需求。後續會有更深入的討論。在此之前，下次你發現自己對某人或某事的反應格外激烈、不受控制，不妨問問自己，是否與我的指紋需求有關。還不知道自己真正的指紋需求之前，回顧這些強烈的反應是幫助尋找的一種方式。

　　我們的情緒生活，是與自我及旁人關係中重要的一環。當我們慢慢理解到感覺提供了寶貴的資訊，就能坦然接受它們，明白它們的意義，進而採取相應且合適的行動。在理解正確的前提下，感覺能為我們提供參考，而不是模糊焦點和干擾我們；無論在任何情況之下，感覺都能為我們指路，告訴我們真正該在意的是什麼。

嚮導二：神話怪獸（你的批判想法）

除了感覺之外，還有一種需求嚮導可能超乎你我的想像，而且身處逆境時特別有效。這種需求嚮導就是你的批判想法。我喜歡將它們想像成一群神話怪獸，躲在你所居島上的森林和岩窟裡。它們背上長著刺、目光銳利、滿身綠鱗，多半都在獨自咕咕噥噥，但被激怒時也能發出最駭人的怒吼。

這些所謂的怪獸，亦即我們對於自己、他人或情境的批判想法，究竟是什麼呢？你可以想像它們有六種類型：

●歸咎與責怪：都是我的錯、是你惹我生氣的、要不是因為她……我就能……。

●評價與貼標籤：我真是差勁的家長、她怎麼那麼麻煩、這種行徑就是可惡、政府實在很愚蠢。

●應該如何：當時真不該那樣做、我應該早就要做完才對、你老早就該想到了吧。

●比較：她比我厲害多了、你為什麼不能像他一樣？

●要求與威脅：你一定要這麼做……、不做的話我就……

●非黑即白：我老是犯同要的錯誤、你每次都光說不練。

●愛說教（類似「正義魔人」）：做事這麼急不對、想法開放是對的、亂丟垃圾不好、按時繳稅是好公民。

大多數人每天都有無數這類「怪獸」想法，儘管未必想承認。有些人傾向經由爭吵，將這些想法釋放或強加於他人身上。也有些人會把批判的矛頭指向自己，為自己感到羞恥慚愧。很多時候，我們會在兩者間來回搖擺：先是氣某人或某事，然後又為此產生罪惡感。

　　批判想法實在不是什麼好東西，況且還經常伴隨憤怒、愧疚、羞恥、麻木、消沉、焦慮等棘手情緒。因此，我們習慣為它們找藉口、感到羞愧、想忽視或假裝它們不存在。就像第一眼看見神話怪獸一樣，我們會自然而然想逃開、覺得它們又醜又可怕。但這些怪獸千方百計要引人注意，不理不睬只會令它們吼得更大聲。而重點是，它們雖然看起來不友善，但只要鼓起勇氣、帶著關懷、同情的心接近它們，它們也會願意把守護的寶藏回贈給你。而這些寶藏就是我們的需求。

　　所以雖然好像有點違反直覺，但我還是要鼓勵各位盡可能以同理、溫暖、甚至是慶祝的心，去欣然接納這些批判想法。因為一旦看見了怪獸、聽見它們的聲音、開始找到它們背後未被滿足的重要需求，就能用避免傷害自己和他人的方式來照顧這些需求。只要我們確實看見和理解我們島上的怪獸，它們就無須吵鬧咆哮，我們也會更容易地聽懂它們想傳達什麼關於我們的訊息。漸

漸地，我們會越來越少感到生氣或愧疚，也不再做出自己不喜歡的言行舉止。

直到前陣子為止，我女兒都是在週日晚上最後一刻，才想起隔天上學一定要準備的東西，怎麼提醒她也沒用。我本來都會立刻產生對她的批判想法：「每個星期都這樣！妳怎麼還是學不乖？這對我太不公平了，又一個好好的週末晚上被妳毀了！」然後又會迅速切換到罪惡感：「我怎麼對女兒那麼壞。她平常根本不會忘東忘西，而且這種年紀這樣很正常。我幹嘛這麼沒耐心，不懂體諒她？」

一旦發現每週都會固定上演這個「抓馬」戲碼，我便轉頭聆聽我的批判想法。在這個例子裡，要從中找出我所潛藏的的需求並不難。我的需求是自在、放鬆、和女兒有連結，同時渴望自己可以充滿愛與溫暖地為女兒做出貢獻。意識到這些之後，我決心挑一個沒有衝突的輕鬆時刻和女兒談一談。我們兩人很快地就想出了一些好方法，從此不用每週日晚上拖到最後一刻還在手忙腳亂。

暫停小格 ‖

接納怪獸：發現批判想法背後的需求

準備物品：需求表、一支筆、一張紙

參考前面列出的批判想法類型，想一個你對自己或他人的批判想法。

記下此想法和你現在的感覺。

翻到需求表。回想剛才所想，問問自己：「我的想法是出於哪種需求？」

寫下任何覺得有可能的需求。

現在的你又有什麼感覺？如果你發現了某些很符合的需求，可以注意看看有沒有這種現象：隨著察覺想法背後真正的原因，自己身體的感受也起了變化。

　　批判想法可以指出各式各樣的需求，指紋需求也包括在內。有個朋友告訴我，他活了大半輩子，始終認定收入很多就代表一個人很有價值。有很多人跟他說過這種想法毫無道理，但這個信念一直深植於他的內心、怎麼拔都拔不掉。後來，他開始透過需求的眼光探索自己為何有這種觀念。

　　他發現這是他對自己「應該」怎麼活的批判想法，而且和他童年的指紋需求有關。因為小時候，他深感別人是用他的成就來衡量他的價值，而非是他這個人本身。成年後，他在兩條路線徘徊：一是試圖壓抑這種信念，反抗「體制」而收入微薄；不然就是向它低頭，為了賺錢而日夜勞碌。但無論哪種作法，他都得不到他所渴望的價值感。現在他決定承擔責任，為自己建立起無關薪水的價值感，同時也尋找一份既能呼應他內在目的的工作，同時也能維持他所喜歡的生活條件。

借嚮導之力來尋找需求

　熟悉了感覺和批判想法如何指向需求後，我們就能將這些知識連成一個體系。需求、感覺、批判想法三者之間的關係如同下圖：

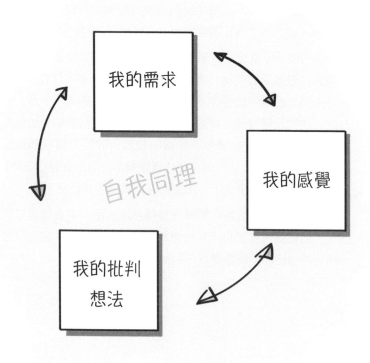

感覺、批判想法、需求之間並非線性關係。探索需求時，你可以不限次數、不限方向地在三者之間來回移動，直到你弄清楚自己怎麼回事為止。

我也想請讀者留意，可以保護這個過程的是柔軟的自我同理。上一章，我們將同理心定義為：「我全然接納且不帶批判，去理解你的經驗和感受。」現在換個角度，從與自我的關係來定義同理心：「我全然接納且不帶批判，去理解自身的經驗和感受。」

自我同理十分重要，若想發現自己有何需求，就必須做好萬全準備去面對棘手的情緒和念頭。當你搞砸某件事，自我同理能幫助你走出罪惡感，這樣你才有餘力去發現自己的需求，進而找到有建設性的改變方式。身陷不自在的情緒時，自我同理能鼓勵你允許自己去感受這些讓你不舒服的情緒，同時利用它們指引方向。你可以問自己：「你現在是什麼感覺？有這種感覺也沒關係。偶爾生個氣再正常不過了。想想你現在需要的是什麼？」

把感覺和批判想法當成嚮導來尋找需求，用文字表達還是比較抽象，透過實做練習會比較好瞭解。所以，如果整本書你只想做一個暫停小格，不妨選擇以下這個。

PAUSE BOX

暫停小格 ||

在當前處境中找到自己的需求

準備物品：三張紙、一支筆

回想最近不喜歡的一場互動。譬如，你很生氣難過、跟某人吵了起來、後悔沒有好好主持會議、你以某種你發誓再也不用的方式吼了小孩。

戴上你的需求眼鏡，提醒自己無論發生了什麼，你（及其他人）只不過是想滿足這件事涉及的需求。進行以下練習時，盡量試著在探索需求的過程中，以你學會對待他人的那種同理、溫暖、接納的態度，一樣地對待自己。

在三張紙上分別寫上「感覺」、「批判想法」、「需求」的標題。

花點時間讓自己回到那個情境中，盡可能回想你當時的感覺和想法。注意是否有任何感覺浮現，若有的話，就寫在「感覺」的紙上。批判想法和需求亦同，別忘了三張紙可以隨時調換、不分順序。比如，你可能會先寫下幾個批判想法，然後又想到幾個隨之而來的感覺，再聯想到不同的批判想法，然後才想到了某一個需求。

感覺到這件事可能涉及的需求時，請特地找找看有沒有你已辨識出的指紋需求。

依個人喜好，你也可以不要用寫的，而是將三張紙放在地上，以「想到哪個、就踩哪個」的方式來進行。

現在你是什麼感覺？發現需求有為你帶來新的啟發嗎？

讓我們用一個實際例子，來說明如何借助想法與感覺來連上自己的需求。想像你得做一場簡報，對象是十位資深同僚，目的是說服他們增加專案預算。你事前花了無數時間準備和排練，而簡報那天終於來到時，你口乾舌燥、心跳飛快地走向台前。你開始簡報，起初看到的是台下的人有在聽。說到一半時，你發現有個經理在看手機，有個人忍住了一個呵欠。這打亂了你的步調，結果後半段講得不如預期中順利。報告完時，你只覺得自己表現得很差，一顆心直往下沉。

　　你的工作時常需要簡報，所以你積極想從這次經驗吸取教訓。於是當天稍晚，在吃飽後、心情上也能好好思考的時候，你思考了一下這整件事的來龍去脈。你想像自己回到早上那間會議室裡，這時你注意到了自己有哪些批判想法呢？像是：「真是厚臉皮，開會還敢看手機，太沒禮貌了吧？」（批判他人）。「世界上一定沒人像我簡報這麼無聊的，別人都聽到快睡著了。」（批判自己）。

　　那你的感覺呢？重新想像那個處境，你回憶起發覺台下沒人在聽時，你心裡湧上一股震驚，同時胸中一緊、臉頰發熱。你覺得有點丟臉，但最大的情緒還是生氣。

　　至於你的需求呢？你翻看著需求表，想起了自己有被忽視的感覺，於是很快意識到，對你而言最明顯的需求是「得到應有的認可」。你希望大家知道你這個專案的價值。隨著你和自己的需求有了連接，你發現心情也從生氣，變成了傷心及鬆了口氣。

　　幾個啟發隨之而來。首先，你想起「得到認可」的需求一直出現在你的生命中，彷彿是你專屬的主題曲——學生時代在布告欄上找不到自己名字時、剛出社會一心想被上司稱讚時……一直到今天的簡報都是。得到認可是你的指紋需求之一，而隨著你逐漸認清它的真面目（帶著適度的自我同理），就會少了一點被它偷襲的機會，多了一點和它健康互動的可能。比如在這個例子裡，你可以在簡報結束時請比較友善的同事給你回饋，不妨從賞識你的人開始。

　　其次，你想到了會議上那兩位經理。「她只是瞥了一眼手機，說不定她在等什麼重要通知。另外那個人可能只是剛好很累而已。但我會看得那麼重也是當然的，畢竟這觸及到了我的指紋需求。我不必為此就把自己狠狠修理一頓。而且以後需要簡報時，我也不會無意識地被這個需求牽著鼻子走，自亂陣腳。」

找到也感到需求之後

　　一旦發掘出自己的需求，很多事都可能改頭換面。擁有新觀點之後，你對相關情境或關係的感覺可能會不同以往。這種過程不太容易以文字描述，實際經歷過就會比較清楚——當你知道自己真正的需求時，腦袋會清楚許多，有種豁然開朗和和有力改變局面的感覺。

　　有時候，單憑自我同理就能幫助你走出困擾。畢竟，同情及理解自己，有助於認識並接納自己的想法和感覺，知道它們是滿足需求而必須做出的合理努力。一旦過了這個階段，解決方法往往就會自動顯現。

　　你也可以尋求他人的同理，而且不必是知道需求理解法的人。尋找一個能溫暖、不帶批判地陪伴，在你傾訴心事時願意聆聽的人。又或者，你可以做更深的功課，這種方法對於指紋需求尤有幫助，因為它們需要特別的關心愛護。你可以透過諸如冥想、寫日記、身體練習、視覺化（visualization，又稱「觀想」）、心理治療、擁抱內在小孩（inner child work）、宗教修行等各種流派的技巧，親身去體驗如何讓未被滿足的需求得到滿足。

欣然接納感覺和批判想法，代表你有注意到它們，也充分利用它們所提供的資訊，但這不代表你必須喜歡它們或希望它們常伴左右——通常正好相反。然而，藉由承認你有這些感覺和批判想法，就能弱化想法和感覺對你的掌控。當你連接到它們所指向的需求，就可以更自由地活出想要的生活，因為你不會再無意識地只想滿足某種自己都搞不清楚的需求，而做出傷及自己或旁人的舉動。

認識自己的需求，就能用對自己和他人都行得通的方式來照顧這些需求。

重點回顧

→關心才能看清自己，代表認識到自己的行動是為了滿足需求所做的合理努力。

→感受到棘手情緒或產生批判想法時，以溫暖和同理的心接納自己，是邁向改變的第一步。

→將感覺和批判想法看作是找出潛藏需求的指標，欣然接納它們。

→回顧棘手處境，有助於找出自己的指紋需求。

CHAPTER 5

如何突破

→ 棘手處境

自我同理問題的額外工具

　　上一章，我們檢視了如何以感覺和批判想法為嚮導，探索自己究竟是怎麼了。我們理解到，感覺與批判想法可協助我們與自己的需求連接、找到自我同理，並開創出更多可行的前進之道。

　　你可能已開始將這些技巧應用於日常生活的一些情境中。根據我長年的經驗，有兩種重複上演的情境，是多數人都覺得特別難處理的。我想針對這部分，提供讀者幾個「關心才能看清自己」的額外訣竅。這兩種情境是：

▶被某人或某事觸發時

▶後悔自己所作所為時

觸發——情緒導火線

　　英文是 trigger（triggering），這個詞有很多用法和意義，我用它來指當某件事導致你出現翻天覆地的劇烈情緒，看起來很失控，但導火線本身（可能是很瑣碎的小事）和激動萬分的情緒兩相比較之下，完全不成比例。例如：你突然被點名接話就會陷入恐慌；你一看到自家小孩打架（可能是弟弟輕輕推了姐姐一把）就會氣得發狂；有人發現你正在做不太好的事，你就會羞恥得渾身冒冷汗。除了內心湧現激烈的情緒，你可能也會做出自己並不喜歡的反應，比如對人惡言相向、大吼大叫或一時語塞。

後悔

　　意指你做了希望從沒做過的行為，且心情簡直無法承受的時候。你不知道怎麼在不影響心理健康的情況下懊悔自責、賠罪，找到沒有罪惡感的道路繼續前進，反而是深陷在愧疚情緒中無法自拔。

　　由於這兩種情境十分常見，卻又十分棘手，若你能找到活躍其中的需求，很有可能從此撥雲見日，之後即使遇到多困難的狀況，也會發現處理起來意外地輕鬆。

　　不過現在先來瞭解一個我稱為「補充心力存量」（filling your inner tank）的概念。這點隨時隨地都很重要，尤其面對最棘手的情境時格外有用。

補充心力存量

　　有些日子，我早上在桌前坐下，看到當天要完成多少工作就覺得無力招架。「這麼多根本做不完，」我心想，感覺胃一緊、肩膀縮了起來，「怎麼辦，我做不完！連要從哪裡開始都不知道。」但隔天，面對一模一樣的工作量，我卻可能一點壓力也沒有。「喔？今天的待辦事項很多耶，」我心想：「真期待把它們都打勾。要先從哪件事開始呢？」

　　為什麼只差一天，心情確有著天壤之別？原因很多，但通常和這兩種狀態有關：在情境一，我已經心力枯竭了；而情境二，我還心力充沛。身為父母的人，可能知道這種感覺。你一進家門，小孩馬上衝上來連珠砲似地迎接你：「我可不可以玩這個？」「我可不可以玩那個？」假如你剛和朋友喝完咖啡回來，可能會用一

句玩笑話帶過，或告訴他們：「那個不能玩。」但態度富有同理心。假如你一整天都在開累人的會議，則可能會兇巴巴地叫孩子別煩你，或是一時屈服而答應，之後又不高興或有罪惡感。

透過主動滿足自己的需求來為自己補給，是增進產能、效率和喜悅的一種有力作法。當你不去管它、總是碰運氣，一旦碰到心力存量剛好見底的時候，就會難以照顧自己或別人的需求。滿滿的心力存量是很棒的工具，能幫你應付各種情況，無論多艱難都能搞定。

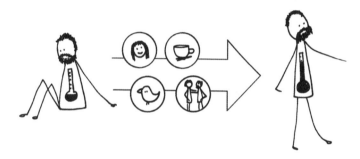

既然如此，怎樣才能補充心力存量呢？請先問自己以下兩個問題：

一、什麼事能為我補給？

什麼事會帶給你快樂，可以讓你做好準備，迎向世界？每個人的答案都不一樣，況且你覺得「應該」會帶來補給的事，可能一點都沒有。對我來說，坐在咖啡店喝杯咖啡的補給效果，遠遠大於去公園散步；相較於騎單車兜風，去游個泳更能充飽我的心力。因此答案沒有對錯，最重要的是找到對你自己來說、真正有用的方式。

暫停小格 II

找出可以補充心力存量的事
準備物品：一支筆、一張紙

在以下每個提示後面，寫下一兩項能為你補給的活動：
- ●獨處
- ●與人相處
- ●戶外活動
- ●室內活動
- ●要花錢
- ●免費
- ●需時幾分鐘
- ●需時幾小時

你也可以多想幾項。重點不是活動類型，而是做完某件事之後，你會覺得更有力量面對世界。

二、我有充分為自己補給嗎？沒有的話，為什麼？

很多人會讓自己的心力存量停留在不太充足的狀態，而且不想補充的理由五花八門。以下是常見的理由，或許你會覺得熟悉：

「這是自私的行為」

「照顧自己的需求是種自我放縱」這是我們很多人從小到大成長的文化所釋放出的強烈訊息，或者是受到宗教信仰的薰陶所致。這種想法，也可能來自家庭環境。我們的照顧者也許永遠都先考慮別人、把自己折騰得疲憊不堪，不然就是萬事都以自己為優先、讓我們覺得自己的需求完全不值一提。再不然就是在這兩

者之間反覆無常。有些人被直接教導凡事要以別人優先，有人則是透過觀察周遭人而習得並擁有這種想法。這些經驗都可能讓我們難以接受「照顧自己」這個概念。

「照顧自己的需求很自私」這種觀念如此深入人心，導致有時很難看清其本質，亦即這種觀念是一種思考方式，而非客觀事實。而另一種思考方式，則是瞭解到我們要先照顧好自身需求，才會更有餘力地去幫助他人。如果你很難接受照顧自己需求的想法，不妨試試看另一種觀點適不適合你。

「沒時間」／「有更重要的事要做」

我們往往會將時間花在自己認為重要的事情上，所以假如你覺得沒時間照顧自己，或許表示你認為這件事沒那麼重要。抑或就像先前討論過的，你覺得照顧自己很自私。但也有可能你只是習慣這樣想而已。請問問自己：「有沒有什麼簡單的方法，可以讓我每天撥出五分鐘給自己？」

艾莎第一次接觸到需求理解法時，覺得她還滿會照顧自己的情緒。過了壓力很大的一天後自己最喜歡的放鬆方式是看一兩集最愛的影集。然而，她後來恍然大悟自己為了補充心力而看影集，其實是在否定她的部分需求。窩到沙發上的確能滿足她對舒適的需要，卻沒有顧及獨自工作一整天後，她也有與人連結的需求。自從察覺這點，她回家後不再先拿遙控器，而是拿起電話打給姊妹淘聊天。只是習慣上的一個小小改變，她就能真正有效地充飽心力存量。

探索了補充心力存量的重要性，接著來討論前述的兩種棘手處境：情緒導火線觸發時，以及後悔時。要是你能在這些情境中意識到自己的需求，整個局勢將會大為不同。

情緒一觸即發時

丹的媽媽來他家住，兩人在喝咖啡時，母親又問他：「你週末要做什麼？」光是當天早上她就已經問三次了。丹內心冒起一股怒火，臉頰發熱、開始冒汗。在母親問完後還不到一秒，他已經衝著她罵道：「我不是跟妳講一百次了嗎？我想妳大概辦不到，但不要再過問我的一舉一動了，妳真的很誇張！」甚至在那個當下，丹也意識到自己被情緒帶著走，但還是無法控制自己的反應。因為，他的情緒導火線被引燃了，而且一發不可收拾。

如同先前所提，觸發是指在某事發生後，我們被捲入了一股突如其來的洶湧情緒，而且原因和情緒的程度不成比例。以丹的例子而言，他不是簡短回應媽媽、然後換別的話題，而是在還沒意識到之前，就自動做出了強烈的反應。

要怎麼知道自己的情緒導火線被觸發了？典型的特徵可能包括：

● 內心湧起強烈的情緒，如憤怒、恐慌、羞恥

● 覺得自己不能控制情緒，反而被情緒控制

● 產生批判自己或他人的想法

● 做出自己不喜歡、卻又好像改不了的行為

● 感覺自己像個小孩

● 下意識做出自動反應，而非有意識的行為

　　情緒觸發情境（trigger situation）會造成很多麻煩，很有可能妨礙我們的人際關係和幸福感。接下來將檢視人的情緒觸發時，究竟發生了什麼事，以及能怎麼辦。

被觸發是怎麼回事？

　　有句俗話說：「讓你抓狂的小事，背後一定有故事。」（If it's hysterical, it's historical.）。如同上一章所見，感覺和批判想法可以指出我們的需求，讓我們有機會把焦點轉向這些需求。而在情緒觸發情境中，我們之所以反應那麼大，是因為被碰觸到的需求，對我們來說是特別「有故事」的需求，而且多半就是我們的指紋需求，即孩提時感覺到未被滿足的需求。

　　童年時期，照顧者沒有滿足我們的需求是件攸關生存的大事，在最嚴重的情況下，甚至有可能使我們活不下去。成年後遇上情緒觸發情境的我們，雖然無須擔心生命安危，但我們的大腦卻分不出今昔之別。導致某種未被滿足的需求，彷彿會威脅到我們的存在，因此為了一件小事而立刻跳進了生存模式。這時大腦的前額葉皮質區（pre-frontal cortex）[1] 會關閉，導致我們無法理性思考，開始由情緒所在的緣腦（limbic brain）[2] 接掌一切。

1　譯註：負責抽象思考、專注、計畫、決策的大腦區塊。
2　譯註：處理情緒、記憶、衝動的大腦部分，包括杏仁核、海馬迴、視丘等，即下文的「邊緣系統」（limbic system）。

人被觸發時，有四種求生的回應方式：戰鬥、逃跑、動不了，以及（可能比較陌生的）搖尾乞憐。這四種中何者會出現，取決於遇到的情境，以及我們的人生經驗。

▶戰鬥：攻擊型的回應，例如：大吼大叫、展現控制、摔門、發怒。

▶逃跑：迴避型的回應，例如：慌張、撤退、躲避、沉迷於別的事來忘記。

▶動不了：受驚小動物式的回應，例如：身體無法動彈、下不了決定、不知該說什麼、無法採取下一步。

▶搖尾乞憐：討好型的回應，例如：迎合、安撫、奉承、贊同、遷就對方。

丹的媽媽問起他週末有何打算時，丹立刻跳進了戰鬥模式。他媽媽無意間碰觸到他對擁有自主權和能動性的需要。小時候，他深深渴望能不受他人干擾，自己決定自己的人生。多年後媽媽問出的一句話再次觸及了相同的需求，導致丹根本克制不住脾氣。

情緒被觸發時怎麼辦？

遇上情境觸發情境時，人們所做出的反應，往往是自己最極力想改掉的反應，因為這些言行舉止一再干擾我們的生活和人際關係。這些自動反應同樣也可能是人類最難改變的習慣，因為得對抗某些強勁的大腦機制。有鑑於此，我將拆除導火線的流程分成兩部分：一是怎麼在被觸發的當下阻止自己自動反應，二是觸發之後能做些什麼，好讓情緒導火線能隨時間慢慢蛻變。

碰上情緒觸發情境時：

情緒導火線
炸了

觸發當下：暫停一下、找回平衡

當你陷入一個觸發你的處境時，你的目標是設法將大腦邊緣系統（limbic system）對此的回應（也就是席捲你的那股情緒），與你接下來的行動切割開來。你要嘗試在這兩者之間製造停頓。停頓的空檔越長，你就越有空間選擇一個有意識的回應，而不是被自動反應牽著鼻子走。如此一來，你擁有的選項也會增加。以丹為例，他可以學習辨認自己被觸發的跡象，比如臉頰發熱和出汗。接下來他的挑戰則是在罵媽媽之前對自己喊停，先不要做出任何回應。充分練習後，他能學會在觸發初期的時間點先暫停，等情緒恢復穩定後再回應。

暫停一下並讓情緒穩定的方法很多，最廣為使用的一種是慢慢深呼吸、讓身體冷靜下來。腳步稍微站穩後，不妨用同理的態度提醒自己發生了什麼事——你陷入了一個觸發你的處境，因為有些深層的指紋需求被碰觸到了，而要打破一直以來的反應模式並非易事。

暫停一下，恢復平衡

　　想真的移動腳步，離開現場也可以。如果觸發你的是某個人，明智的作法是先暫停談話，提醒自己這件事隨時可以再討論，不必非得現在講贏不可。而且在這個當下，就算你說出想說的話，對方也很可能不會完全聽進去。

　　若你進入了戰鬥模式，不大聲說點什麼就氣不過，與其針對對方做了（或沒做）的事，不如把內容換成你的需求。譬如，「不要再一天到晚監視我了！」變成「我需要有空間想事情！」「你給我閉嘴！」變成「我需要安靜！」

　　無論你做什麼，最好別在事發當下試圖想出解決辦法。在情緒被觸發而自動做出反應的期間，你的「理性腦」完全不管用——因為它下線了。

最後，要將觸發點和反應切割開來、在中間製造停頓是相當困難的事，我們很容易低估其難度。可以提醒自己你的大腦機制當下無法理性思考，幫助你找到改變所需的同情和韌性。

觸發之後：瞭解導火線、從中學習

回顧
和
學習

待事情過後，花點時間探索需求的層次，瞭解你當時發生了什麼事。倘若可以時常回顧，你會發現情緒被觸發的次數和強度都會漸漸減少。你開始能在事發當下意識到自己處於何種狀態，對當時的處境也能多一分理解和同理。這意味著，你可以做出更能照顧到自己和旁人需求的選擇。

檢視觸發你的情境時，回顧過往經驗也有所幫助。你或許會想起童年某些時候有過類似的感覺，或者發現你被觸發時的批判想法很像某人說過的話。特別是要找找這其中是否涉及你的指紋需求，因為情緒觸發當時，很有可能有一個或多個指紋需求正在活躍中、求你關注。

伊娃和伴侶打算在結婚紀念日來一場浪漫野餐。她花了很多時間裝飾特別準備的蛋糕、挑選他們最愛一起吃的美食，現在兩人正坐在她稍早在公園裡找到的一處美麗角落。一切都按照她的希望發展。然後，她發現有個穿制服的人朝他們走來，並說道：「先生小姐，這邊不能坐喔。公園這區沒有對外開放。」

　　那人一說完，一股羞恥感立刻貫穿伊娃全身。她臉紅了起來，感到暈眩噁心，腦中唯一的念頭就是超想鑽到地洞裡。伊娃怎麼了？只不過有個公園警衛在提醒他們遵守規定，沒必要反應那麼誇張吧？

　　時間快轉到第二天，伊娃開始用需求理解法探索她被觸發時的反應。她先將重點放在她的感覺上，迅速地重新連上了當時的羞恥感。她注意到當時彷彿瞬間回到了五歲的情景：她在學校裡不會綁鞋帶，拚命地綁還是綁不好，最後只能假裝自己綁好了，但還是被老師發現、把她從隊伍裡帶出來幫她重綁一遍。

　　伊娃連接到她的批判想法。那些想法全都是針對她自己，而不是她的伴侶或公園警衛。「我搞錯了」、「我真笨」、「我應該更注意的」、「我只不過想來場美好的野餐，結果全搞砸了」。她很快就找出了她的需求，有點類似「相信現在的我就夠好了」（to be enough just as I am）。

　　回顧童年，她想起自己總有一種感覺，即使她一直努力，卻還是不得要領，就像綁鞋帶的事一樣。當自己五歲的模樣閃過眼前，她對那個小女孩產生了同理和同情。接著，她找到了一個指紋需求，也知道需要好好照顧這個需求，才能建立足以承受任何不順遂的韌性。這也正是現在的她能否做自己想做的事、不受過去阻礙的關鍵所在。

PAUSE BOX
暫停小格 ||

瞭解你的情緒觸發點
準備物品：需求表、一支筆、一張紙

在紙上寫下「批判想法」、「感覺」、「需求」三個標題。

一、回想你最近被觸發的一個處境。試著讓自己回到當時的身心狀態。

二、若當時腦中有浮現任何批判想法或感覺，就將它們寫在相關的標題之下。

三、問自己：「我小時候有類似的經驗嗎？我的批判想法會令我想起誰的話？」

四、最後，若你想不起任何需求的話，請參考需求表，找出當時可能活躍的需求。其中有你的指紋需求嗎？

　　如同前述，練習同情自己時，有時光是認知到自己被觸發時有未被滿足的需求就已足夠。就像伊娃，你的情緒可能為之一變。如同真正被他人聽見和理解之時，被自己聽見和理解也能為你帶來新的啟發和進步方法。假以時日，逐漸熟悉需求理解法後，你將學會怎麼更快發現情緒觸發處境並拆除導火線，以降低它們對你的掌控。你也能學會在被觸發時發揮自我同理，避免傷及自己和身旁的人。

後悔自己的行為時

　　我們每次做出自己不喜歡的行為，都是為了滿足某些需求。比方說，我朝女兒大吼要她安靜，其實是因為我渴望得到平靜和安寧。但用吼叫的方式，就算我得到想要的結果，也無法滿足我與她之間的連結需求，以及對她的幸福有所貢獻的需求。若能理解自己不喜歡的行為，我們就更容易誠心道歉、從中學習，且不會懷有罪惡感。

　　最近有一次，我要和某客戶組織的三個人線上開會，我認為這次合作機會很值得期待且成果豐碩。我和他們共事了一段時間，大家都很喜歡這段合作關係，於是約定用三十分鐘開視訊會議，討論如何讓我們做的事更上一層樓。議程事前就定好了，一切都準備就緒。

　　結果，會議剛開始就不太順利，其中一人開場便說起她申請的一項募資案。這件事和我們的議程無關，但她用掉了大半時間來向所有人說明此事。我試著將對話導向預計討論的主題，但其他人似乎都沒有這個意思，我的沮喪不斷加深。然而，我沒有向其他人說出我的感受，以便討論該如何利用剩下的時間，而是答話時越來越短促，用舉止來展現我的情緒。最後會議結束，我們還是沒討論到我認為重要的事。

通話結束後，我開始感到內疚。「我太自私了，只顧自己的目的。那位同事很興奮，我應該替募資的事感到高興才對。我真是太自以為是了。」她為自己剛才的表現後悔不已。

在類似的情境中，通常不難辨認出我們對自己的批判想法，困難的是要怎麼開啟自我同理和理解。所以在此，我想向讀者介紹一個很實用的方法，如果你也像開完會的我那樣產生愧疚、丟臉或羞恥的感覺，此法一定能幫上你的忙。這個方法叫「打電話給幻想朋友」，幻想朋友代表了我們內在所擁有、但有時很難給予自己的同情。

這位幻想朋友會善意提醒我們，無論我們做了什麼，都只是為了滿足需求而已。「也難怪你會心情不好。你很重視這次會議，但實際情況卻不如預期。你回話沒好氣，是因為你渴望跟對的合作夥伴，共同展開一個令人興奮的嶄新計畫。因為你很在乎，所以當時努力想照顧這些需求。」

還有一個思考方式也相當有效，那就是將後悔看作一枚兩面都需注意的硬幣。其中一面刻著先前行為未能滿足的需求，比如想對同事表示慶祝和支持的心情，但沒說出口。因為這些需求沒被滿足，就會迅速讓我開始自我批判，覺得自己很自私。硬幣另一面則刻著我的行為企圖滿足的需求，比如想擁有夥伴、一起進行有意義的計畫。確認你已帶著同理心，與硬幣兩面的所有需求都連接上了，有助於用更清醒的眼光、更穩定平衡的態度來看待整個局面，並找到前進之道。

　　接下來，我寄了一封電子郵件給那三個客戶，詢問能否再找個時間討論我們的計畫，並說明自己在會議上沒能全心全意慶祝募資的事，但真的很開心那個夥伴遞出了申請。同時我也表達了自己有多期待這個計畫，以及我有多重視能和他們一起推進這件事。之後，我收到了溫暖的回信，我們又開了一次會，而這次成果相當豐碩。

　　假如我沒有試著同理自己並照顧自己的需求，事情可能會怎麼發展呢？我也許會寄出一封火氣很大的電子郵件，事後覺得過意不去。或者送出一封低聲下氣的信，為我的行為過度道歉（結果焦點從客戶的感覺轉到了我自己的感覺）。又或者我根本不敢寄信，擔心客戶認為我自私又無禮，而決定擱置計畫。

暫停小格 ||

探索後悔的兩面
準備物品：需求表、一支筆、一張紙

在紙上寫下「批判想法」、「感覺」、「需求」三個標題。

一、回想一個你做出令自己後悔行為的經驗。你當時做（說）了什麼呢？

二、戴上你的需求眼鏡。也可以打給你的幻想朋友，以便提醒自己無論看起來像不像，你做的一切都只是為了滿足需求。

三、與你當時的感覺和批判想法重新連接，將之寫在紙上。

四、「後悔硬幣的正面」：問問自己，哪些需求是你後悔的行為沒有滿足的。注意是要探索自己的需求，而不是被你影響的他人的需求。比如我的處境中，需求是「慶祝」（慶祝同事的成功）和「協力」（共同工作）。

五、「後悔硬幣的反面」：問問自己，哪些需求是你後悔的行為企圖滿足的。以我的處境來說，我的需求比較類似於「夥伴關係」（我很重視與人合作）、「刺激」（新計畫令人振奮）、「貢獻」（為我相信的事盡一份心力）。

六、注意你的感覺，當你和你試圖滿足的需求有了連接，感覺是否有什麼轉變？

七、和需求連接了以後，問問自己有沒有任何想採取的行動。

　　罪惡感和羞恥感足以壓垮一個人。它們會占滿腦袋和心房，使人沒有空間再容納健康的後悔之情與真心想改變的欲望。需求理解法，讓我們能走出罪惡感、找到前進的路，同時也記得提醒自己（＝讓自己好過一點），我們的行為都是為了滿足需求所做的努力。

多自我疼惜、多關心自己 (self-compassion) 一點，找出棘手處境中潛藏的自身需求，就能擁有讓生活改頭換面的能力。

重點回顧

→ 主動補充自己的心力存量，會更有餘裕去照顧自己和他人。

→ 被某人或某事觸發時，你很可能是在對未滿足的指紋需求做出反應。若給自己時間找回平衡，就能看見和接納導致你強烈情緒的那些需求，然後以有建設性的方式來處理。

→ 做出令自己後悔的行為，是因為你當時在努力滿足某些需求。用這個角度正視自己的行動，你就能允許自己同情自己，也更有機會將局面導回正軌。

Part 3

把話說進

→ 心坎裡

Speak to
BE HEARD

接著我們要進到下一步，探討如何用照顧全員需求的方式來溝通。箇中關鍵在於與他人建立和維持一種連結感。如此一來無論結果為何，你和對方之間的關係都不會受損，還可能變得更堅固。

CHAPTER 6

用說話

→ ## 建立連結

創造無阻隔的對話

此前，我們探索了如何同理自己和他人，以便瞭解在某一處境中所有正在活躍的需求。現在我們要將目光轉向如何用考慮到全員需求的方式來說話。

我們每次說話，都是給潛藏的需求一個出聲的機會，而我們選擇的說話方式，將決定這些需求能否順利傳達出去，也就是我們能否被完整聽見。倘若使用會讓你我之間產生隔閡的方式說話，就彷彿是在雙方之間築出一堵牆。但要是能以建立連結的方式說話，我們就能降低那堵牆，讓理解能在兩邊之間自由流動。

因工作所需的拜訪與洽談，我都會穿上正式服裝。此舉並非是想融入對方，也不是出於自身喜好，而是因為我自己認為這麼穿，可讓對方更容易聽進我想說的話。我不希望因為服裝而無意間在雙方之間產生一道隔閡之牆。與人交談也是同樣的道理。無論我和對方的觀點是否相同，我都希望盡可能避免由於說出某些話，而讓一道防衛和憤怒的高牆升起。只不過這樣做並不是刻意藏起自身意見或想法，也不是默不做聲——我當然希望對方好好聽我說話。我還是能在自己選擇的時間點生氣或堅持，但我會更謹慎選擇說話方式，好讓別人更容易聽見和理解我所重視的是什麼。

這一章，我們將檢視有助於降低高牆的四種說話方式（說話工具）：

⇨ 創造連結彼此的對話

⇨ 訴說需求，讓話能被聽見

⇨ 表達感受，增進彼此理解

⇨ 換一種「因為」，從責怪到自由

設計這些工具的目的，有助於創造彼此合作、雙方都有收穫的對話。不僅可能比你至今經歷過的任何對話都要愉快得多，還有潛力去解決長年未解問題造成的困擾。換言之，只要「微調整」我們的說話方式，就能產生極其深遠的影響。

創造互相連結的對話

當你和某人一起歡笑、玩鬧、哭泣、討論共同興趣或分享彼此今天遇到的事，某種連結就會油然而生。但當你覺得好像惹惱了別人或懷疑他們沒聽懂你的話，該怎麼辦？連結無法順利產生時，就需要利用一些工具來創造讓雙方都覺得有益的對話。以下要來談談光靠對話、就能連結彼此的訣竅。

確認自己有足夠的心力談話

很多時候，我們沒有先考慮目前的心情適不適合交談，就一頭栽進了不好處理的對話之中。如果你也會這樣，開口說話前請記得先確認自己的狀態——這將會決定接下來的對話是對大家都有益，還是令大家都不愉快。各位可以在開口前先問自己下列問題，確認自己的心力存量還夠不夠：

▶我堅持不肯讓步嗎？

▶我是否被我的情緒控制？

▶我抱有批判想法嗎？

▶我想讓另一個人痛苦嗎？

▶我是否在等他們幫我解決問題？

▶我是否沒時間或沒多餘心力了？

回答「是」的次數越多，想讓別人聽你說話的機率就越低。對方可能會轉換為防衛模式，更專注於保護自己的立場，而非理解你想說什麼。這時該怎麼辦？很多「是」，意味著你有某些需求未被滿足，因此不妨先找出你的需求並好好照顧後，再和別人對話。同理自己之後，你想傳達出去的內容，將會更清楚好懂，也更具善意。

先聽對方，再說自己

面對比較棘手的對話，先同理另一人，往往就能降低隔絕彼此的那堵牆。一旦對方覺得被聽見，也會更樂於聆聽你的想法。

讓對話像共舞

雙方有連結時，對話就像在跳舞一樣。每個人跳出各自的步伐，舞出一連串流暢的動作。如果你習慣說很多話，試著注意你在每場對話中，說話的比例占了多少，是否不小心霸占了舞池？如果你大多時候都沒開口，請注意自己有無投入其中？或是已經收回注意力、讓這支舞看來像是一人獨秀？一支令人滿足的共舞，其實也無須平均分配每人說話的時間。因為有人天生寡言、有人愛說個不停，而主要是由一人說、另一人聽的對話也可以很有收穫。最要緊的是我們每個人都要意識到自己說話或聆聽的品質，並在對話時以滿足雙方需求為努力的大方向。

用真誠的話語

稍後，你會看到一些透過說話建立連結的參考用字和語句。但最重要的一環是用你自己覺得真誠的話來說。你的動機，是決定對話效果的首要因素。當動機是想與他人連結、同時兼顧自己和他人時，無論使用什麼字眼來表達其實都無所謂。此外，我們很容易一不小心就只顧用腦思考，而忘了用心感受，以致於很少能產生有收穫的對話。因此，請讀者將以下建議當作基本原則就好，若覺得有些話不適合你，就以此為參考，進一步探索更符合個人心意的說法。

訴說需求，說的話都能好好被聽見

由於人類都有需求，也都有感覺，這兩樣東西就像連結人與人的萬用連接器。而需求理解法的重點正好是建立連結，將需求和感覺帶進對話中，對於消除隔閡、阻礙有著不可思議的效力。而需求理解法也能減少你被人誤解的機會，將你所在意之事成功傳達出去的機率也會變高。這一節將探討如何訴說需求，下一節會討論感受。

與人討論時，表達需求能產生強大的效果。有些時候，直截了當地說就能見效，例如：「我需要穩定」、「我需要找到生活的目的」等。不過有些時候可參考以下的點子來訴說需求。

用自己覺得真誠的方式表達需求

很多人並不習慣開門見山地表示自己的需求，因此從需求表中挑出一個需求、說出「我需要真相」或「我需要被理解」，可能會讓別人覺得你這人很怪或太過刻意。你可以這麼做：

第一種方式是用其他詞彙替代「需要」，例如：

○我非常喜歡［需求］

○我很重視［需求］

○我很享受［需求］

○我想要［需求］

○我想得到 點［需求］

○我希望擁有［需求］

○我很在乎［需求］

○我很仰賴［需求］

接著在上述這些話之後，加上你的需求。例如：「我非常喜歡安全的感覺。」或者，你也可以先說需求，再加上描述，例如：

- ◉ ［需求］對我來說很重要
- ◉ ［需求］對我來說很好玩
- ◉ ［需求］會讓我很快樂
- ◉ ［需求］讓我感覺很好
- ◉ ［需求］是我很在乎的事

例如：「全家和樂融融是我很在乎的事。」

第二種方式是將需求放進實際對話的脈絡裡。這會為說話內容增添意義和彈性，不過端看你如何表達。以下範例會告訴大家怎麼修正說法，把話說得好聽又言之有物：

「擁有樂趣是我很在乎的事」✕

⇩

「能跟你一起說說笑笑是我很在乎的事。」○

「我很希望能有互相支持的感覺」✕

⇩

「我很希望遇到難關時，團隊裡的每個人都敢發聲，而且知道我們都會支持彼此。」○

說需求，別說批判想法

倘若別人做了我們不喜歡的事，而我們想讓對方知道此事對我們的影響。該如何表達，對方會最容易聽進去呢？不用需求理解法時，我們也許會想指控對方：

「你一直都沒有事先好好規畫！」✕

「你答應的事一個字都不能信！」✕

「你每次都否定我的點子！」✕

然而，從需求理解法的觀點來看，對方其實沒做「錯」任何事。他們只是試圖滿足需求而已，而問題的癥結就在於，他們滿足需求的方式並未兼顧我們的需求。

我們在第二部（關心才能看清自己）瞭解到，類似上述的批判想法，也可以是通往潛藏需求的珍貴指標。雖然作為需求的嚮導，我們能溫暖接納這些想法，但當這些想法變成實際的言語，幾乎毫無益處。當對方聽見你的指責，當然會設法自衛和防禦，兩人之間就會頓時升起一道高牆。我們將無法與對方建立連結，對方也更不可能聽進我們想說的話。

那該怎麼做，才能不發洩情緒地表達我們受到的影響，同時盡量讓對方聽進去呢？關鍵就是利用人類需求的普遍性。當我們確實說出自己有哪些需求因對方的行為，而受到程度不一的影響（如：得臨時改行程、感到受挫等），話語比較容易傳進對方耳裡。

「你一直都沒有事先好好規畫！」✕

　　⇩

「我需要弄清楚我們的計畫，這樣我才能安排我今天的行程。」
（表達需要釐清）○

「你答應的事一個字都不能信！」✕

　　⇩

「彼此信任，對我來說真的很重要。」（表達需要信任）○

「你每次都否定我的點子！」✕

　　⇩

「動腦會議時，我最在乎的是能否發揮創意。」（表達需要展現創意）○

　　你完全可以生氣或沮喪，但你該談的並非你的批判想法，而是你的需求。最近某天，我和十幾歲的女兒去游泳，我們在更衣室準備換衣服時，她突然衝著我說：「媽，妳的袋子不要擋住我的東西好不好？妳真的很煩，一直妨礙我！」我吃了一驚，轉頭看她。然後她嘴角揚起一抹要笑不笑的微彎，「媽，我早上沒吃妳留給我的點心，現在好餓喔。對不起。」最初的情緒爆發過後，她發現自己在責怪我。於是她開始看看責怪背後的她是怎麼了，而能將怒氣連結到想吃東西的需求。

說需求，別說想用來滿足需求的策略

　　假設兒子想要你陪他玩，你非常樂意，但你累了一天，在玩之前得先為自己補充心力存量。你的方法是先去泡個澡。不用需求理解法時，你可能會說：「我先去洗澡喔，等等就陪你玩。」幸

運的話，你兒子會接受這個提案，但他也可能失望沮喪，一起開心玩的機會沒了。

採取述說需求，而非述說你想用來滿足需求的方式，對方會比較容易聽進去，你可以換種說法，把重點放在你的需求上。「我很想跟你一起玩。但是我累了一整天，真的需要放鬆一下、恢復活力。我去快快洗個澡，十五分鐘後就陪你玩，你覺得怎麼樣？」這樣就能說出你潛藏的自我照顧需求，而不是只談你想用來滿足此需求的策略。當然，你兒子還是可能不接受，但比起只說解決辦法，兒子好好聽你說的機會已經增加了。

「我今天不能和你一起吃飯了，我得先把這份報告做完。」✕
⇩
「我很想和你一起吃飯，但要是不先做完這份報告，我會整晚都在擔心這件事。我們約明天好嗎？這樣就能專心享受相處的時光了。」（表達需要連結或親密感）○

「還有一堆帳單沒繳，我哪有心情想度假的事？」✕
⇩
「我想跟你一起去度假！但我擔心要花不少錢，我們先把帳單都繳完再來討論好嗎？這樣我就能放心規劃假期了。」（表達需要擁有樂趣）○

說需求，別說偽裝成需求的要求

有一種情況要特別注意，就是「我需要」後面接的不是一個需求詞，而是「你」應該做什麼。這通常代表強勢要求對方做某件事。例如：「我需要你去跟他談」是要求；「我需要得到一點內在平靜，你願意跟他談談嗎？」則直接表達了原話背後的需求。這樣說會顯示出你脆弱的地方，比較容易得到「好」的回答（至少能開啟對話），而不是讓雙方之間出現高牆。

「我需要你再指派兩個工程師，計畫才能完成。」✕
⇩
「我希望計畫可以輕鬆完成，而且大家都參與其中。你覺得再找兩個工程師加入怎麼樣？」（表達需要輕鬆自在或合作精神）○

「如果要再生一個小孩，我需要你幫忙做更多家事。」✕
⇩
「我也覺得再生一個小孩很棒，但我擔心我一個人應付不來。我想把我們的家照顧好。可以討論一下家事要怎麼分擔嗎？」（表達需要被支持）○

以這種方式表達，有時得多說一點話，尤其是在你和對方還沒熟到只要說幾個字，彼此就能心靈神會的程度。不過根據我的經驗談，初期多說一點，對彼此產生連結有著莫大的助益，也能替未來省下大把時間。

PAUSE BOX
暫停小格 ||

發掘策略背後的需求

準備物品：一支筆、一張紙（隨意）

如果你希望兒子、女兒、伴侶、朋友或上司做某件事，這件事可能是什麼？

他們做這件事對你有何意義？你的什麼需求會被滿足？

你或許會發現，這個處境主要關係到你的需求，而不是另一個人該做什麼。

稍微腦力激盪一下，想想要如何滿足你的需求。最後你可能意識到，其實你自始至終都沒有想要另一個人做任何事。也可能，你現在知道要如何用另一種能量向對方尋求幫助——你並沒有要求他們做任何事，只是讓他們瞭解想幫你的話，可以怎麼幫。

表達感受，增進彼此理解

感覺是人類之間的第二種萬用連接器，因為感覺和需求一樣，人人皆有。雖然思考和談論某種感覺的方式可能因文化而異，但與之相伴的物理感覺則是共通的。當某人說自己傷心、高興或鬆了口氣。我們能瞭解他們在說什麼，並且感同身受。這是我們為了確實傳達想說的話而打通的「通路」，使我們能自由往返於自己和對方的島嶼間，創造一場互相尊重、有所成效的對話。

有時候，你可能擔心一旦說起自己的感覺，情緒會一發不可收拾、失去冷靜和理性，因此不太想談自身感受。你可能試圖隱藏它們，希望談話對象不會發現。你也可能覺得在某些環境裡，例如職場、與某人的關係之中，表達感覺似乎不太有利，也不安全。

但由於感覺是強大的人類共通點，閉口不說時，人們對你感覺的關注，並不會比你坦然承認的時候少（甚至還可能更多）。你可以想想看，察覺別人在生氣或焦躁時，你自己是什麼反應。你會發現，這些情緒就是看得出來，而且你越是不承認，別人注意到它們的機率就越高。換言之，就算不討論感覺，感覺對情境的影響力也不會消失，只不過感覺會以「不走正門」的方式出現。因此，我們要學習在生活的各個方面，找到適合的方式來表達自身感受。

如何表達感受

最簡單的說法如：「我覺得累了」、「我覺得很困惑」（可翻閱書末附錄的感覺表來尋找靈感）。

你也可以選擇不說「我覺得」如何，直接說「我」如何。有些人覺得這樣比較自然。

「我很高興。」

「我生氣了。」

「我當時嚇壞了。」

你也可以用物理感覺的詞彙來表達，單獨使用或加上感覺的詞彙一起用皆可。

「我覺得好麻木。」

「我覺得充滿能量、興奮極了。」

「我氣得胃都在翻攪。」

同樣地，各位可以翻到書末附錄的物理感覺表來找靈感。

不實感覺

述說感受時,務必小心「不實感覺」,也就是看起來很像感覺,但其實並不是的字眼。不實感覺是我們對外人行為幽微的批判。真正的感覺,應該只涉及我們自己的內在體驗,不涉及對他人行為的詮釋。

「我覺得難過」是直接描述感覺、反映你內在的狀態。

「我覺得被拒絕」則描述了一種混合想法的感覺。它來自一個你創造的故事,內容大致是說:「因為你不理我,我才會有難過的感受。」

當你述說不實感覺,必須注意兩個問題。第一,這可能顯示你因自己的想法,而陷入一種自覺受害或無力的狀態。此時,你認為自身感受是別人所造成的而專心去責怪他人,但這樣做的風險是,你選擇不看自己能做點什麼來改變局面。而且我們一樣無須對討厭的行為忍氣吞聲,但請注意不要將自己快樂(或不快樂)的主導權,交到別人身上,希望他人可以改變(他們可能會,也可能永遠不會)。你可以開始和你的需求連接,掌握由自己來造成改變的力量。

第二個問題是,在對方聽見你說出責怪和批判後,就比較不會也不願意認真聽你想說的話。若想避免這點,不妨改為「純粹地」述說「感覺」,而後再加上一句表達自我需求的話。以下每種情境會各舉兩個例子,例子二是較有可能帶來連結的說法,例子一則可能讓聽者心中升起防衛的高牆。

「我覺得被你辜負了。」✕

⇩

「我覺得好傷心！原本真的很期待能跟你聚聚的。」（表達感覺傷心、需要親近感）◯

「我覺得有點不受重視。」✕

⇩

「我覺得滿失望的。我很用心做這份提案，希望得到一點回饋。不知你有抽時間看過了嗎？」（表達感覺失望、需要得到支持或尊重）◯

以下是表達不實感覺的範例（書末附錄也有收錄此表）：

不實感覺表　LIST OF FALSE FEELINGS

被拋棄	不被當一回事	不受重視	被踐踏
被錯誤對待	被騷擾	被迫臣服	不被欣賞
被攻擊	被無視	被當成下位者對待	不被聽見
被瞧不起	被侮辱	被施壓	不被愛
被背叛	被恫嚇	被蔑視	不被支持
被責怪	被否定	被拒絕	被利用
被限縮	被評判	被敲竹槓	受害
被欺壓	被遺漏	被催促	受委屈
被欺騙	被辜負	被刻意冷落	
被強迫	被操控	被壓得喘不過氣	
被批評	被誤解	快要窒息	
被貶低	被忽視	被視作理所當然	

學會區分感覺和不實感覺是需要練習的，但練習的結果會讓你的想法開闊許多。你不會再受困於單一想法，認為別人該為你的感受負責，而是能做自己感受真正的主人。此外，將不實感覺換成感覺時，你就不會再對他人施加壓力，對方自然比較不會採取防衛姿態，也是能夠去真正理解你的狀況。

PAUSE BOX
暫停小格 ‖

設法走出不實感覺

準備物品：一支筆、一張紙

哪些是不實感覺？請注意你的表達方式，是否混合了暗示的感覺，或帶著某種批判。

帶著同情心和自我覺察，想想看有沒有其他說法。試著用不同的方式來表達這些感受。表達時請留意：你覺得自己與對方是更有連結，或是沒有連結？你覺得自己有力或無力改變局面嗎？

換一種「因為」，從責怪到自由

探討不實感覺時，我們瞭解到這點：當別人做了我們不喜歡的行為，我們很容易認為自己的感覺是對方造成的。另一種看待事物的不同角度是，瞭解沒有任何一種感覺的形成，是僅由外在人事物來決定的。

比如說，我爸爸臨時改變他的計畫，把我整天的行程都打亂了。我發現心裡想著：「你每次都這樣！我快氣死都是你害的！」這意味著我將焦點放在因果關係上，亦即「父親的行為造成我的感受」。又比如，我發現朋友瞞著我一件事。我開始萌生這樣的念頭：「她不告訴我，傷透了我的心。她一定覺得我們不是好朋友。」如同前例，我把她的行為當成是直接造成我傷心的原因。

　　這種思考和說話方式會限制住我們本身具備的能力和力量。倘若你認為感覺是直接由他人的行動所致，勢必會演變成得由對方改變，你才能擁有不同的感覺。雖然我們能請對方這麼做，卻無法控制他們會不會真的照做，結果大幅限縮了由我們握有主導權、來改善情境的力量。

　　還有一種不同的思考方式，那就是將對方的行為視為是對我們感覺的刺激，而不是直接原因。若想理解這點，可以想想當你每天面對同樣的刺激，感覺是不是也會不一樣。週一早上，同事不跟你打招呼讓你不太高興，隔天你卻為此鬆了口氣，慶幸不必被打擾。某天你很擔心孩子在學校的表現，另一天卻壓根沒想到這件事。假如刺激是感覺的直接原因，感覺應該每天都不會變才對。但事實上並非如此。

　　因為有個關鍵被忽略了，那就是需求。這意味著我們不該只聚焦於另一人的行動，而是把焦點轉向，專心去想需求如何造成我們如今的感受。爸爸自顧自改變計畫時，也許是因為我希望被人體貼的需求未被滿足。而朋友有事瞞我時，或許未被滿足的是我

對連結和信任的需求。

這時，我能以有建設性的方式來扭轉局面。我不必責怪爸爸改變計畫，鬧到吵架收場，我能自由選擇最好的作法來照顧我的需要。也許是用容易讓他聽進去的方式，父女好好談談，譬如我對爸爸訴說我的需求或感覺。我也能決定透過其他辦法來滿足自身需求。面對有事相瞞的朋友，我不必責怪她傷我的心，而是不帶批判地和她溝通。我可能會意識到這種處境觸發了某個指紋需求，於是自己設法照顧這個需求。

PAUSE BOX
暫停小格 ‖

探索他人行動與自己感覺的關係
準備物品：一支筆、一張紙

回想最近你對某人感到生氣的情景。也許是同事又沒做該做的工作、也許是另一半又遲到了，或是母親不請自來、擅自給你建議。

寫下一個表達別人該為你情緒負責的句子：「我感到生氣，因為［對方做的事］。」例如：「我感到生氣，因為他三天沒跟我聯絡了！」

自己朗讀這個句子。試試看能否確實體會到話中描述的感覺。

接著修改你剛剛寫的句子，把導致你憤怒的原因改寫成某種需求，例如：「［對方做那件事］時，我感到生氣，因為我需要／想要／喜歡（從需求表中選擇合適的例子）。」又如：「他三天都沒跟我聯絡的時候，我感到生氣，因為我渴望被人傾聽，也希望加深與他的連結。」

進行以上練習時，留意你的感受是否有任何變化。當你認為感覺和需求有關，而非僅關係到另一人的行動時，是不是有什麼地方變得不一樣了？

你可以多試幾種情緒，回想不同的情境來練習。

換一種「因為」

　　將他人的行動和自己的感覺分開，雙方都會變得自由，也能隨意採取對彼此最有益的行動。以我爸爸改變計畫的例子來說，如果我說：「我覺得很挫折，因為你又臨時改計畫了。」就會把「負責我自身感受」的重擔加到他的身上。爸爸恐怕只會覺得內疚氣憤，而不會聽見對他自身行為有益的回饋。但我並不希望看到這種結果，而是想和爸爸一起檢視目前的問題，而且不要互相指責。

　　要邁向此目標，可以從改變說話內容出發。試著將你的感覺連結到潛藏的需求。

　　「我覺得不高興，因為你又臨時改計畫了。」✕

　　　⇩

　　「我覺得不高興，因為我希望你能考慮到臨時改計畫會對我造成○○影響。」（表達需要被體貼）○

　　「我很傷心，因為你有重要的事瞞著我。」✕

　　　⇩

　　「我很傷心，因為我很在乎可以和你分享彼此的心事。」（表達需要信任）○

「你在會議上唸出我寫錯的地方，讓我覺得很丟臉。」✕

⇩

「你在會議上唸出我寫錯的地方時，我覺得很丟臉，因為我很重視我和新夥伴的關係。」（表達需要歸屬感或互惠關係）◯

這個表達方法甚至有公式可循：

「我覺得［感覺］，因為你［對方的行動］。」✕

⇩

「我覺得［感覺］，因為我需要［需求］。」◯

下一章，我們將探討四種語言工具，進一步幫助你用增進連結的方式說話。

與人交談時，你的主要目標是避免製造出隔絕和區別彼此的牆，並騰出空間來容納連結，以利進行有成果的溝通。

重點回顧

→ 述說需求和感覺，是可以立即帶來理解的一種方法，因為這兩者是連結所有人類的萬用連接器。

→ 不實感覺是混合了批判想法的感覺，可能會讓對方較難聽進你的話。

→ 看待處境時，把焦點放在自己潛藏的需求、而非想要他人改變的欲望上，有助於走出困住自己的某種感覺，開始採取為自己做主的行動。

CHAPTER 7

四種強大的
→ 說話工具

傳達你真正想說的事

上一章，我們探討了如何透過說話創造有品質的人際連結，主要的方法是運用可以連結全人類的兩大萬用連接器——需求和感覺。本章中，我們將從這個基礎出發，繼續瞭解四種有用的語言工具，每一種都能協助我們在困難重重的處境中，依然可以好好說話、有效溝通。

這些工具除了提供可以參考對照的實用說法，還要幫助各位看清楚自己的思考方式。當你能用全新眼光看待自身想法時，就會更有能力去改善那些現階段對你而言、毫無益處的念頭。善用四大說話工具，不僅會增強主導自己人生的力量，也能減少批判自己和他人，把多一點時間用來實現你夢寐以求的生活。

我們在漫長歲月中，都會不知不覺地養成了特有的思考和說話習慣。接下來討論每項工具時，將帶領各位探索這些習慣為何一點用也沒有，而需求理解法又會怎麼協助我們打造互信基礎、找到有效方法，以及化解各種難題。

四大說話工具分別是：

❶用觀察代替評價。

❷用請求代替要求。

❸給予感激與慶祝，而非稱讚與獎勵。

❹表達後悔與憂傷，而非愧疚與否認。

工具一：以觀察代替評價

「觀察」在此是中性字眼，意指所有人都能同意的事實陳述。至於「評價」，則是你個人對這些事實的解讀。

⊙「你在對我施壓！」是評價。

⊙「你從昨天到現在已經寄三封 email 給我了。」是觀察。

⊙「我的另一半不怎麼熱情。」是評價。

⊙「我想和女友牽手或是在人前親她時，我發現她看起來不太自在。」是觀察。

「評價」往往出現在這樣的場合——當某人做出我們不喜歡的舉動，而我們以習慣模式做出反應：感到不高興，並因為自己不爽而責怪對方。如果不想再這樣下去的話，我們首先得讓對方聽見我們想說的內容。人們聽到的是「觀察」時，往往更能以正面態度回應，效果遠勝於聽見「評價」之時。當你給的是評價，對方可能會覺得你在指責或怪罪，導致雙方之間出現高牆。而觀察就不會涉及責怪，因此聆聽者會更願意去好好思考如何解決兩人的問題。

「你把客廳搞得一團亂！」是評價。聽到這句話的人，很可能會全副武裝準備跟你辯解，結果畫錯你真正想說的重點。

「我發現客廳地上有好多書和紙喔～」是觀察。聽到你這麼說，造成這種局面的人不會急著自我辯護，而會傾向於多去瞭解彼此對目前客廳環境的感受。

「你不相信我！」是評價，可能引來一句充滿防衛的回答。

「你說寄信給董事會之前要先讓你看看內容，我開始懷疑你是不是不信任我。」是觀察。這句話描述了行動，並提出了雙方對此行動的觀點，讓對方可以參考這些訊息做出有建設性的回應。

「你怎麼這麼晚回來！」是評價。

「你說過會在六點回家。」是觀察。這種說法更忠於事實，聽起來順耳多了，但仍有兩個潛在的問題。其一，如果對方認為自己沒說過六點回家，就會開啟一場「你有說過○○、我才沒說○○」的爭執。其次，「你說過」聽在對方耳裡，可能會變成一種指控，光這點就足以造成雙方之間的隔閡。

「我聽成你會在六點回來。」或「我記得你好像說是六點回來喔。」這樣的說法也是觀察，不過更能維繫彼此的關係，因為說出我們對所處情境的認知，不至於產生爭議，因為我們只是在陳述自己相信為真的事。

如同本章和最後一章將介紹的工具，「觀察」除了應用在交談中，也可以用於文字表達。一封電子郵件若這樣寫：「我記得你說過最晚明天回覆」，效果會好於「你說過最晚明天回覆」。因為這給了收信人一個回信說明的機會，譬如：「我不是那個意思」或「啊，我的話可能讓你誤會了」。就算你說的和對方記憶中的有所出入，但他們至少會知道你的想法，彼此之間就有較為充裕的空間，和諧地討論，讓對話繼續下去。

我有個朋友趁著幫父母搬家時，運用了「觀察」這個工具。她將整理好的東西拿去資源回收中心，回到家就聽見她媽媽問：「布丁呢？我跟妳說過布丁放在報紙那一箱呀！」朋友的心情頓時煩躁起來，但她沒有像平時那樣回話（如：「妳才沒跟我說箱子裡有布丁！」）而是說：「我沒印象聽妳講過布丁的事，是什麼布丁呢？我現在該怎麼做比較好？」朋友並沒有接受母親對她的責怪，也沒有反過來指責母親。接著她們繼續討論，然後一起外出買布丁，問題便解決了。

「正面」的評價也不行嗎？

你可能會覺得有點違反直覺，但並非只有「負面」的評價才會破壞連結，正面的評價也會。因為通常只有在雙方意見一致時，對方才會覺得你的正面評語，對他們來說是支持，也是幫助。

舉例來說，有位助產師幫一名女子接生。生產過程很不容易，她認為產婦的表現非常了不起。後來再回去探望產婦和新生寶寶時，助產師這麼說：「妳生產時表現得太棒了，好堅強又好冷靜。妳真的很有天分。」令她意外的是，新手媽媽聞言開始生氣，直說自己生產時明明害怕極了，不敢動也不敢說話，深恐自己會崩潰。

讚美或欣賞他人，可以是與人連結的一種美好方式，只是端看你怎麼表達，結果可能天差地遠。在上述情境中，如果助產師是這麼說：「我覺得妳生產的時候好堅強、好冷靜。妳當時有什麼感覺？」也許兩人接著就能多分享一點彼此的想法。

如果你朋友很滿意自己支持母親的方式，當你稱讚她：「妳真是好女兒」也許會加強你們之間的連結。但如果她覺得自己對媽媽的態度應該更好一點，你的評語可能會讓她覺得孤單，因為沒人懂她。不如試試這樣說：「妳最近更常去看妳媽媽了，我猜她應該很高興吧？」

在上述例子中，我所建議的替代說法，都顯示著你說出的話代表的是個人觀點，而不是客觀事實。這樣可以為接受的那一方多留一點空間，用來談論他們眼中認為的事實。本章稍後會討論「感激和慶祝」，屆時會更詳盡地探討能用哪些說法來代替正面評價。

PAUSE BOX
暫停小格 ▌▌

發現自己所做的評價
準備物品：一支筆、一張紙

回想最近刺激你情緒反應的一件事，包括丟臉、生氣、擔憂、高興等情緒。

花一時間，隨意且無拘無束地寫下發生的事，不用自我審查、刻意刪掉某些內容。

寫完之後，回顧你所寫的內容，找找看其中有沒有評價的存在，正面或負面都算。若有的話，試著用觀察取代某個詞彙或句子。

你對這個處境的看法，現在有沒有稍微改變呢？

工具二：以請求代替要求

聽見別人對自己提出要求，感覺通常不會太好。多數情況中，人們要不是勉強配合，就是開始反抗，導致雙方之間再次出現一堵牆。因此，當你想要別人做事時，應提出請求而非要求，這樣一來對方就會更願意聆聽及協助。

請求和要求的差別，不只在於話中使用的詞彙。請求也意味著，你確實理解你的目的不是要讓對方順從或逼對方改變，因為這些你都做不到。你可以做的，是用一種最有可能讓對方考慮你意見的方式，提出請求，而且你很清楚答應與否的決定權，是在別人手中。

馬歇爾·盧森堡提到家長想控制孩子行為是很傻的想法時，曾經這樣形容：「你無法強迫你的孩子做任何事。你只能讓他們後悔沒聽你的話，而孩子遲早也會讓你後悔早知道就不讓他們覺得後悔了。」[1] 這句話中的「孩子」也可以換成「伴侶」、「員工」、「朋友」等任何你意有所圖的對象。

請求這項工具，是用來向人傳達你希望他們做什麼來滿足你的需求，但前提是這樣做也能兼顧他們的需求。你的目標是和對方建立一種連結，讓他們除了自己的需求，也願意關心你的需求，反之亦然。換言之，請求可以讓你在達到目標的同時，也照顧好彼此的關係。

1　這是馬歇爾上課時口頭說的話。他的小書《將心比心養育孩子》（*Raising Children Compassionately*，暫譯，PuddleDancer Press 出版）中有較長的版本。

那麼，好的請求該怎麼說呢？一般而言，具有以下四項特點的請求，維繫關係的效果較好：

●明確

●正面

●坦率

●接受對方說「不」的可能

接著讓我們逐項分析這些特點。

明確的請求

請求說得越明確，效果越好，因為你自己和對方都很清楚你所求的是什麼。

「你可以多來看看我嗎？」╳

⇩

「你可以每個月都來看我嗎？」○

「員工績效評估這週會有進度嗎？」╳

⇩

「你週五前可以完成兩份評估嗎？」○

正面的請求

　　提出請求時，說你「要」的是什麼，別說不要什麼。如此較能避免言語中帶著責怪的意思。

| 「你今晚可以不要打電動打那麼久嗎？」✕

　　⇩

「你待會有興趣一起玩新的桌遊嗎？」○

| 「請大家不要在公用冰箱存放食物超過一星期。」✕

　　⇩

「請記得週五下班時把冰箱裡自己的東西帶走。」○

坦率的請求

　　誠實坦白地說你要什麼，以避免雙方之間沒說出口的不滿越積越多。

　　大衛的丈夫彼得每次遇到電腦問題，希望大衛幫忙時都不會直接明說，而是持續告訴大衛哪裡不能用，直到他主動發現問題並解決。彼得對於占用另一半的時間很內疚，也擔心哪天老公會拒絕幫忙，所以寧可一直暗示，也不想直接點出問題。結果大衛反而越來越氣，因為他感覺不到另一半感激他伸出援手。彼得可以換個說法：「大衛，我的電腦又出問題了，想請你幫忙。你週六可以抽出一兩個小時幫我看看嗎？」

　　莎拉年邁的母親也做過類似的事。她說話的口氣往往是這樣：「妳可以貼心一點，下午幫我做點家事嗎？」此話一出，莎拉立刻火大。「意思是我不做就不貼心嗎？這麼說搞得我想拒絕也不行耶！」她懷念可以自由自在說「好」、沒人會刻意期待她必須

做點什麼時，那種彼此之間親密和喜悅的感覺。如果媽媽這樣問：「莎拉，下午可以幫我一起換床單嗎？我最近開始覺得一個人換有點吃力了。」莎拉可能會樂於回應。

說「不」也行的請求

提出請求最重要的一點，往往也是人們最難接受的，那就是真心願意接受別人說「不」。聽見「不」的時候，我們會習慣性地責怪對方，想讓他們心生愧疚，或是用某種方式來懲罰對方。但這樣做只會讓關係變得緊張，再度築起一座隔絕彼此的牆，對方願意協助我們的可能性也會降低。儘管對方最後答應幫忙，也頂多只是不想爭吵而勉強為之，或是先口頭上答應，但後來當作沒這回事。

提出請求前，需要先問自己一個關鍵問題：「我可以接受對方說不嗎？」如果不能接受，那無論你把話說得多明確、多正面、多直接，你提出的仍然是一個「要求」，會讓對方築起防衛的心牆。而且除了用字遣詞需注意，語氣也可能透露出你的態度。因此，最後的結果會如何，取決於你說話時的動機和能量。

「我們下週再開會討論這件事。」✕

⇩

「我希望下週能再開會討論。大家都方便嗎？」○

「記得要倒垃圾。」✕

⇩

「你今天可以倒垃圾嗎？」○

「那我們現在來表決。」✕

⇩

「如果先表決一下，大家覺得可以嗎？」○

　　提出請求而得到「不」的答案，有時會很難受。這時你可以花點時間連上你的需求，好讓自己不會出於習慣做出某些反應。聽見「不」的時候，你有哪些需求沒被滿足？你也可以更進一步，問問自己對方可能有什麼需求。他們說「不」是為了滿足哪些需求呢？這麼做將有助於你將「不」看成一場新對話的開始、而非終結。如果你照著上一章所說，繼續展開類似有助於連結彼此的談話，就能和對方分享彼此的需求，尋找大家都覺得可行的解決方法。

　　最近，我的朋友保羅問妹妹艾拉願不願意在某個週日，跟他一起去年邁父母的家裡幫忙修繕工作。有些工作一個人做不來，保羅之前也跟艾拉說過自己獨自處理有多勞心勞力。艾拉的回答是「不」。保羅很不高興，但等他照著上段所說的步驟做過一遍後，開始理解到自己原始反應背後的原因。

　　首先，他試著同理自己，對自己說：「嘿，爸媽家的房子和花園大小事都是我處理的，即使我最近背不太好，也沒有喊停。我很想得到一點幫助，也希望有人能因為我做了這麼多而正面肯定我。」這次自我同理過後，保羅赫然發覺自己很想表現出「我很行」的欲望，所以沒有向妹妹坦承他受背痛所苦。當他接受自己的需求後，同時也放下了心防，去好好考慮艾拉的狀況。他想起妹妹一週經常要工作六天，只有週日可以跟兩個小小孩相處。他猜測艾拉的需求是專心和孩子們相處並維繫感情，同時也盼望這個當哥哥的能懂她不是故意、也不是惡意地說不。

　　到了這時，艾拉的「不」已經開啟了新一輪的對話。保羅問她願不願意聽聽自己不爽的原因，然後不帶任何批判地描述了他的需求，以及目前處境對他的影響。艾拉也因此受到鼓舞，願意分享她自己的狀況。其實她最近壓力很大，而且她答應過兒子們每週日都要陪他們玩。她本想繼續維持這個承諾，但和保羅溝通過後，艾拉瞭解他的困擾，因而決定問兒子週日要不要去外公外婆家玩一天。他們說好，於是保羅在附近的小餐酒館訂了位，他們有充分時間修繕家裡，工作完後還久違地享受了一起外出吃吃喝喝的歡樂時光。而那天他們也把握機會討論了未來能怎麼共同攜手支援父母。

探索聽見「不」的感覺

回想有人對你說「不」時的情況。當時你希望對方做什麼？他們做這件事為何會滿足你的需求？

接著問自己：「我問的時候，真的能接受對方說不嗎？」

接著試想，你為什麼不能接受這種結果。這也許能找出你當時活躍的其他需求，或者指出了你堅信不疑的某種信念。

你能否透過其他方式來滿足你的需求？

　　你可能會好奇，假如這些方法都試過了，對方還是不同意你的請求該怎麼辦？這時可以考慮下列選項：一、繼續和對方溝通，告訴他們你受到的影響。二、透過其他方式來滿足自己的需求。三、你也可以選擇提出要求；倘若你覺得滿足你的需求是第一優先，又實在別無他法，那提出要求或許是你當下最好的選項。不過，提出一個要求，可能會讓你和對方之間的高牆越蓋越高，所以一旦狀況解除，請特別投注心力去重建你們的連結。

　　當然也有些關係，儘管你已經盡了最大的努力，你的需求仍然始終不能被滿足。遇上這種情形時，要是你其他被滿足的需求明顯更多的話，你就能選擇繼續維持這段關係。而最後的手段就是重新評估這段關係是否要繼續，亦即你是否有必要和對方繼續建立連結。

工具三：以感激慶祝代替稱讚獎勵

一個晴朗的週二下午，我正在學校大門口等待五歲的女兒放學。沒過多久就看見她和新朋友潔德一起衝了出來。「媽，妳看！潔德拿到了全班最乖好寶寶貼紙耶！」為了證明，潔德驕傲地指著毛衣上貼的笑臉給我看。這一天過後的許多、許多個午後，女兒放學時的反應都一再向我證明，我們的教育體制中，稱讚獎勵的文化有多盛行。然而不管是她小時候或現在，這種現象都一樣令我憂心。

我有什麼好憂心的？我擔憂的是，大人透過獎勵孩子，讓他們學到控制自身行為是為了獲得外在的讚許，而不是滿足自己相信的內在價值。我這麼說並沒有要批評任何教育工作者的意思，在我看來，現在的教師在有限的資源下，已經表現得非常出色了。對我來說，這是我們文化中長久以來的體制性問題。在職場中，你或許遇過獎金制度、「本月績優人員」等獎勵方式，或是主管、同仁會以讚美來回饋你的工作表現。學生時代的獎勵則是貼紙、學院積分、參加運動賽事可獲得的獎項等等。在家裡，父母可能答應過只要你達到某種目標，就帶你去吃大餐或買禮物給你。

對於父母、上司等處於權威地位的人，他們並不是要透過稱讚獎勵來建立以信任為基礎的關係，也並非想促成更緊密的連結。上位者或掌權者這麼做儘管是出於好意，但無非是試圖要操控我們的行為，以符合一般人的期望。有害的是，這種作法可能鼓勵我們為了贏取獎賞而改變自己的行為，行動的動機不再是發自內心、想滿足自己和旁人需求的欲望。以潔德來說，她得到的貼紙，多半無法幫助她去思考為何替人著想是件好事，也無助於讓她更深入地瞭解自己的行為滿足的是不是自己真正的需求。我比較希望她問自己「我想成為什麼樣的人？」而不是「怎樣才能拿到更多貼紙？」

　　可是，當別人實現了一件有價值的事，用獎勵或讚美來讓他們更開心，總不會是壞事吧？獎勵難道不是幫助孩子社會化、養成社會大眾樂見行為的好方法嗎？當然，我希望人們喜歡自己，也百分百希望孩童能做到關心和體貼他人的言行舉止，但我不希望他們會因此而必須承擔有害的後果。要是你從小到大都不斷收到各種獎勵與稱讚，可能會習慣與同事、兄弟姊妹、同學競爭並求勝，而不是去照顧每個人的需求。這只會製造出一道道高牆，而

不是使高牆倒下。何況當孩子被教育成仰賴外在肯定來獲得價值感，往往會深切地去渴求他人認同，而無法懂得欣賞自己本身的價值。長此以往，就會因為感覺不安全，而避免去接受新挑戰或嘗試實驗性質的新事物，只會擔心要是失敗怎麼辦？到時我們該靠什麼來喜歡自己？

稱讚獎勵為何是（上位者）用來操控他人的手段？請想想你是不是不會給朋友或處於同等位置的人稱讚或獎勵。舉例來說，如果你朋友升官或訂婚了，你會跟他們一起慶祝，而不是獎勵他們說：「做得好，我請你去喝一杯吧！」你不會在乎有沒有送他們貼紙或徽章，只想馬上一起為了某種成就而共享喜悅。

那麼，有什麼表達方式可以代替稱讚獎勵呢？無論是你帶領的團隊取得傑出的成果，或是你的小孩學會了某件新事物，你當然會想表達你的歡欣，和他們一起分享這份成就帶來的快樂。而關鍵就在於先檢查自己稱讚背後的動機。如果你稱讚團隊同仁是為了鼓勵他們下個月再創佳績、讚美你的小孩是要他們明天上課一樣努力，你所用的是「誘因」（incentive）去激勵他們做原本不會做的事，這時不如先考慮保持沉默。另一方面，如果你只是想和他們一起開心，並不在乎成就是什麼，就能考慮採取下列三種作法。

稱讚的三種替代方案

　　慶祝：站到對方身旁的位置（用跳的也可以！）現在你是在分享對他們成就的感受，而不是要將你對此的判斷強加到他們身上。如同本書一再重申，關鍵是你的動機，而非你用什麼話來表達。你可以讓一起慶祝的人來引導對話。

　　父母：「數學考這麼好，你好棒喔！我買冰淇淋給你當獎品！」✕

　　⇩

　　父母：「好高興喔！！哇！你開心嗎？多說一點你的感覺吧！」○

　　感激：說出對人所做的事，以及這件事滿足了你何種需求。此時你是在坦白這對你的影響，而不是根據某種外在標準來評判對方的行為。

　　「你今天早上真乖，都沒有吵。」✕

　　⇩

　　「謝謝你今天早上自己玩遊戲。我好高興能做完手頭上的工作，這樣我就能享受週末剩下的時間了。」○

這種說法讓對方知道，他們的某種言行對你有何幫助。之後對方若重複做出這種行為，可能是因為他們享受對你有所貢獻的感覺，而不是為了爭取額外的獎賞。

敘述所見：描述你在對方身上看見了什麼，並詢問他們自己有沒有什麼發現。此舉能鼓勵對方以自身觀點，來判斷自己這個人或是自身努力的成果，而不是送上你對他們的評斷。

「你對執行長的簡報太精彩了。我下個月做績效考核的時候一
　定會記上這筆。」」✕

⇩

「**我發現你簡報時執行長一直在點頭，還做了很多筆記。你自
　己覺得還滿意嗎？**」○

PAUSE BOX
暫停小格 ❚❚

探索感激和需求之間的關聯
準備物品：需求表、一支筆、一張紙

想一件別人讓你很開心的舉動。可能是老朋友突然打電話給你、一個同事來請教你的意見、你家那個叛逆小子某天竟然主動洗起了碗等等。

察看你的需求表，找找你有什麼需求被滿足了。

接著重看這一節的內容，若你想表達對他們的感激，你可能會怎麼說，請寫下來。

工具四：以後悔憂傷代替愧疚否認

我們在第五章（如何突破棘手處境）討論過人之所以會做出讓自己後悔的行為，其實只是因為當下努力在滿足某些需求。同時也討論過事件發生過後，能用什麼方法與當時「沒能滿足」以及「企圖滿足」的兩類需求都連接上。現在我們要進一步探討如何向一個被我們（所作所為）傷害的人，表達後悔之意。這點十分重要，因為除非能以顧及全員需求（包括自己的）的方式向對方道歉，不然就可能落入兩種陷阱：

▪ 我們為了掩蓋罪惡感，開始採取防衛態度，否認有道歉的必要

▪ 我們被罪惡感淹沒，不斷卑躬屈膝地想讓對方原諒我們，好讓自己不要再討厭自己。

需求理解法中的「抱歉」，目的是在賠罪的同時，也能處理雙方之間因此事而生的嫌隙，並為雙方更好的未來鋪路。這一切的重點是要修復與對方的關係。

需求理解法中的「抱歉」

下列是讓高牆倒下的道歉方式。不一定要照順序來做,請自行選擇適合你的作法。

帶著同理心說抱歉。有助於建立連結的道歉方式,具備以下特點:

▶說清楚你是為什麼事道歉

▶展現對他人立場的同理心

▶說出你下次會如何改變,也可詢問對方希望你改變的地方

「很抱歉在會議上那樣說你。我能理解你為什麼會生氣。你想多說一點嗎?你希望我現在怎麼做?」

這種說法,和傳統道歉方式有何不同?最大的不同點在於,你不是站在犯了錯的立場道歉,而是傷心的立場。戴上需求眼鏡後,你就能更理解並善待自己。這麼做有助於幫你考慮自己當時所受到的影響。你只是在努力滿足你的需求而已。

若對方有意願,讓他們表達自己的感覺。帶著同理心去聆聽對方,不要插嘴、爭論或為自己辯護。一旦發現你試圖做出反應,先花點時間理解和同理自己,然後再把焦點轉回對方身上。同時也要盡可能阻止自己掉入罪惡深重的深淵,結果還得要對方來拯救你。現在的主角是對方,不是你。

承認自己的錯誤。承認自己的錯誤不等於責怪自己。責怪不僅對你本身有害，也會讓你難以同理受你影響的人。

換言之，你和對方，各有各關注的事。他們想讓你聽見他們受到的影響，你則是想說明你當時那麼做的理由。請先看著自己，清楚自己行動的理由，並與自己和解，這樣的你所說的道歉，才有意義。你越是瞭解自己，就不會想方設法去爭取對方的理解，也能專心聆聽你的行為對他們造成了什麼影響。

「我真的不是故意的，我傳那個訊息不是想害你傷心！」✕

⇩

「聽起來你收到訊息之後真的很難過。對不起。我現在好希望當時沒傳那個訊息。」〇

別說「抱歉，可是……」話裡要是加了「可是」或「但是」，你就是在為自己辯護，而不是單純的道歉。

「抱歉回信那麼慢，可是我這週實在忙翻了。」✕

⇩

「抱歉回信那麼慢。我瞭解這樣可能讓你很困擾。」〇

道完歉之後，可以在對方願意聽的前提下，告訴對方你自己的狀況。述說時請記得利用透過對話連結彼此的工具（詳見第六章），例如談談是什麼感覺和需求驅使你做出這樣的行為。

罪惡感的問題

　　做出後悔的事時，我們很容易陷入罪惡感的泥淖，結果下意識地只將焦點放在自己身上，而非關心對方的感受。我們別有用心地想「讓對方原諒我們」，同時也想讓自己感覺好過一點。以我一位朋友為例，他在一段接受自己是男同志的自我和解過程中，與結褵三十年的妻子分開了。一想到離婚對妻子造成的打擊，他就陷入罪惡感而不可自拔。唯有等到走出自責深淵之後，他才能真正去關心並感同身受妻子的狀況。

「對不起。我真的很難過事情變成這樣。我太爛了。」✕

⇩

「真的很對不起。我想妳一定很不好受吧？願意跟我說說看嗎？」○

想要進行困難的對話，例如：說出別人造成你困擾的事、想請別人改變作法等等，不一定會是意見不合收場；有些處理方式既能使關係更緊密，又能創意十足地解決問題。

重點回顧

→ 對他人的行為不高興時，述說觀察、而非評價，有助於對此行為提出疑問，而且不會傷害彼此關係。

→ 我們想得到什麼，並不能強求他人配合，不過可以提出考慮周到的請求。

→ 稱讚與獎勵看似有益，卻可能在無心之中造成有害的影響；感激與慶祝更能有效增進我們與他人的連結。

→ 想為自己的行為賠罪時，愧疚與否認會妨礙我們把焦點放在對方身上；我們可以與自己內在憂傷與後悔的情感連接上，有助於修復與對方的關係。

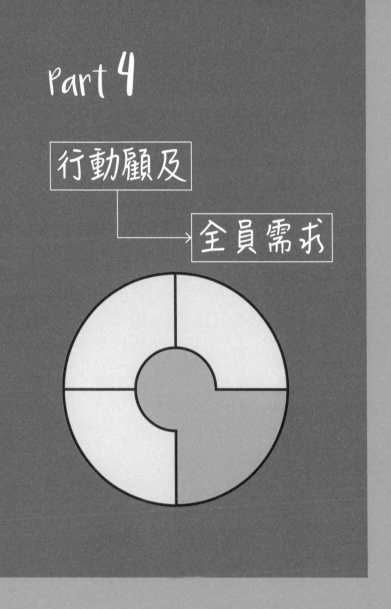

Part 4

行動顧及

全員需求

Act with care
or everyone's NEEDS

本書第一部討論了如何藉由同理他人與他人的需求連接；第二部，我們探索了如何與自己的需求相連；第三部，將焦點放在怎麼談論一個處境中發揮作用的所有需求。而需求理解法的第四項技能，探討的是擁有上述三項技能知識之後，我們可以如何發揮。

CHAPTER 8
你的需求、我的需求，一條新的前進之道：
創造大家都能接受的策略

◆ 沾一下需求

◆「照顧全員需求」的實作框架

◆ 應用實作框架的範例

◆ 這樣不算妥協嗎？

◆ 抓緊需求，放開策略

◆ 靠指紋需求解決疑難雜症

◆ 利用實作框架處理內在衝突

CHAPTER 9
超越對錯：從對抗走向協力

◆ 對抗的範式

◆ 夥伴的範式

◆ 帶有尊重的界線──顧及彼此的「不」

◆ 用連結跨越鴻溝

CHAPTER 8

你的需求、我的需求，一條新的前進之道

創造大家都能接受的策略

　　進入這個部分之前，我們要將前述習得的各種知識串連起來。我們探討過如何察覺一種情境背後的所有需求，也知道用哪些方式來述說這些需求有助於建立連結，以便與他人發展出收穫更豐、緊密相連的關係。但是接下來呢？若你想要 A 結果、別人想要 B 結果，該怎麼處理？該怎麼做才能找到照顧全員需求的辦法，又不會犧牲自己重視的東西？

　　正是這個時候，我們會希望有一套適用於各種情境的基礎框架，進而找出大家都可以實踐的前進之道。本章開頭，首先要來看看這套框架如何整合先前學過的內容，同時也協助我們實踐需求理解法的第二條原則：採取顧及全員需求的策略，我們的世界會運轉得最順暢。接著，我們會透過「照顧全員需求」各個面向的不同情境，探索如何實際應用這套框架。並導出下列結果：想出雙贏辦法、不必雙輸妥協；在棘手處境中遂行所願又不會破壞關係；不再畫地自限、找到更有創意的前進之道。

沾一下需求

　　你也許還記得，我們在第一章（不可思議的簡單祕訣）討論過，人們往往不會考慮一個情境所涉及的需求，而是直接從問題跳到方法。倘若選定的方法大家都滿意，這樣做也沒什麼問題。舉例來說，如果主管和員工約好以後要互相鼓勵在五點半前離開辦公室（策略），因為兩人都有習慣長時間工作的不良習慣（問題），他們可能壓根沒意識到，就已經把需求考慮進去了。兩人潛藏的需求也許各不相同，但解決辦法皆大歡喜，自然沒有需要深究真正的原因。

　　要是人生不像那兩人一樣順利呢？要是主管的解方是提升工作效率，但員工覺得工作量太大、希望減輕呢？在此情況下，若是直接從問題跳到解決方法，勢必會以意見不合收場。再來可能會出現一場權力的角力，主管強行實施自己的解決方法、展現權威，或是最後採用一個雙方都不甚滿意、維持不了太久的妥協辦法。

　　對於這段過程，更有成果的一種作法，是先浸到發揮作用的需求裡「沾一下」，再決定怎麼處理問題。

你可能還記得本書開頭的這幅示意圖。此圖背後的觀念是：人們或許會想出互不相容的策略，但潛藏的需求卻是全人類共通的。而需求的普遍性，能讓我們知道促成他人某種想法和行為的原因。當你能夠考慮並連上他人和你自己的需求，通常就能找到大家都滿意的解決方法了。

同時，你可能還有印象，我們曾在第一章討論過「需求湯鍋」。浸到需求裡沾一下的過程，有點像將所有人的需求加進湯鍋之中、攪一攪、看看能煮出什麼。有助於用獨一無二的方式去思考每種情境，發想出新鮮又創意十足，並能長期實踐的策略。這樣做會比直接跳到解決方法多花一點時間，但能供給的養分比起「速食」解答豐富太多了。

「照顧全員需求」的實作框架

比喻就到此為止啦！顯然，我們並沒有一個真的湯鍋可以裝進這些需求，那該怎麼做，才最能「照顧全員需求」呢？在現實生活當中指的是什麼？當我在工作坊分享這套框架時，通常會介紹這是一套實體流程，分成不同的步驟與方法，而我們會循序漸進去實踐。我也會這樣向讀者介紹這套框架，但請用你自己覺得最有用的方式來熟悉它。若不想實際操作，也可以寫在紙上，或單純在腦中演練。

如果你現在想一邊看書，一邊按照範例實際操作一遍，請準備一支筆和六張紙，在紙上分別寫下這些標題：

●所處情境

●我的感覺

●我的批判想法

●我的需求

●對方的需求

●策略

參考下方示意圖，將紙張排列在地板上，你自己站在寫著「所處情境」的那張紙旁邊。（以下也會提到需求表中的需求，可翻到書末附錄查看）。

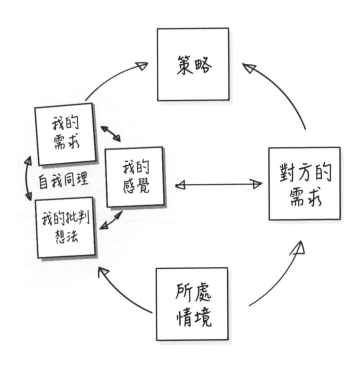

接著,在心中描繪一個困擾你的棘手處境。可以是你目前正在面對的某個問題、過去發生的某件事,或是你擔心未來會出現的情境。如先前所述,第一次操作時,最好選擇一個不會觸發太強烈情緒的情境。回想情境時,你可能會覺得大腦有點打結或是很輕鬆就想好了,無論是你是前者或後者,都沒關係。最重要的是花點時間,重新連接上當時的狀況,以及當時對你造成的影響。如果你感覺到心裡的情緒蜂擁而上,給自己充分的時間來自我提醒:容許自己有某些感覺,是整個過程中自然、健康的一部分。

現在我要邀請讀者,改用另一種方式來思考你遇到的問題。請看左頁圖表上呈三角形排列的三張紙:「我的感覺」、「我的批判想法」、「我的需求」。走到這三張紙的前面。選擇其中一張並站上去,看看心中浮現了什麼。大多數人覺得從「我的感覺」或「我的批判想法」開始比較簡單,因為如同我們在第二部(關心才能看清自己)學到的,感覺和批判想法是引領我們找到需求的兩大指標。你能明確地指出此時你的任何感覺,或是批判想法嗎?我們平常不太會承認自己有批判想法,因為我們可能會為抱持這些想法而感到羞愧。但此處的目標是帶著體諒的心去接納它們,並試著連接上它們所指向的需求。

我也會建議讀者參考一下需求表。何不花點時間從頭到尾看完,看看有沒有哪個需求特別吸引你的注意?現在在對你而言,活躍的需求是哪些?透過這個環節,你可能得到能帶來巨大改變的啟示:「啊,就是這個!我心情不好是因為我真的累壞了,希望有人看見我有多努力。我需要得到應有的認可、休息和瞭解。」需求漸漸明朗化的同時,你或許全身上下也會有種放鬆的感覺。

請謹記於心，我們有時很容易想到「不是真正需求」的需求。例如：「我需要的是她能守時，不要再天天遲到了。」若你的需求不在需求表上，有可能是因為你以為的需求，其實是用來滿足潛藏需求的偏好方式，而非人人皆有的共通需求。所謂偏好方式，只是在某一情境中，你個人傾向會採取的策略。若想區分偏好和需求，可以問自己如果得到你所要的結果，會滿足你的什麼需求。上例中，你的偏好是同事守時，而你的需求可能是得到尊重或體貼。連接上你真正的需求、而非偏好的這個過程，通常是最能顛覆整個情境的重要環節。

　　現在該是走到「對方的需求」、開始與對方建立心理和情緒連結的時候了。你能猜猜他們是怎麼想的嗎？他們可能有哪些需求？當然，現在你無法直接詢問或同理聆聽對方，但藉由移動到他們的島上、從他們的觀點思考問題，距離真正關心並理解他們已經不遠了。試著想像對方的需求，並描述出來。

　　到這個階段，你就可以跳到下一張紙、開始想策略了。很多人認為一旦經歷過找出情境背後所有需求的過程，想策略就會變得輕鬆許多，順理成章。但就算想不出來，也不必緊張。你可能要再過一陣子才會想到解決方法，你目前立即採取的策略是和對方進行一場同理的談話，然後再一起尋找解方。無論最後你們決定怎麼做，相較於沒有探尋潛藏需求時所想到的任何作法，一定更有建樹。

這套流程是可以彈性調整的。比方說，單純因為某人做出某事而感到不解時，你可以跳過你的需求，直接前進到「對方的需求」。他們的行為並不會困擾你，你只是想瞭解背後的原因。此外，你也可以在紙張之間不限次數地自由來回。如同我們在第四章（什麼讓你動起來？）所述，「需求」、「感覺」、「批判想法」之所以排成三角形，是為了讓讀者能視自己的需要，在三者之間隨意移動。我會建議試著多來回幾次，因為這段過程並不是線性的。唯一要遵循的方向是「所處情境」一定得經過「需求」，才能通向「策略」，無法直達。

總整理

這套框架包含了四個基本步驟（第二步和第三步的順序可調換）：

一、描述處境

二、探索你自己的島嶼，以便與你的需求連接

三、拜訪對方的島嶼，以便與對方的需求連接

四、決定一個策略

你可以先挑選不在情境中的時間來練習這套流程，等習慣之後，在真實情境中實戰操作就會比較容易。也許你想回顧你和伴侶的某場爭執，或者想讓自己能期待某個不好應付的會議到來、而非怕得要命。透過這套流程，你會更瞭解過去某個時期（或現在）的你自己和他人究竟是怎麼了，進而找到讓事情有進展的新策略。運用這套框架，能協助你轉移焦點，不再圍於困住你的那些故事（而且還是你自己編造的），而是全神貫注於在某情境中活躍的需求。這時，問題就會搖身一變，成為充滿創意且實際可行的辦法了。

應用實作框架的範例

有時候，透過範例最容易看懂一件事物運作的邏輯，因此接下來要講兩個在現實生活中實際運用這套方法的故事。

第一個故事的主角，是我的表妹安娜貝爾。安娜貝爾不到二十五歲，最近剛搬進一間合租公寓。公寓裡原本有四名住戶，彼此都很熟悉，因此一開始，安娜貝爾強烈意識到自己是「新室友」。她和四人相處都頗愉快，可是有個她不知道該怎麼處理的問題。室友們似乎都很習慣冬天不開暖氣，但安娜貝爾卻快凍僵了，鎮日咬牙忍耐著不去一口氣調高溫度。而且問題不只是溫度太低、覺得冷而已，安娜貝爾以前住過一棟寒冷潮濕的房子，結果生了一場大病。她是職業舞者，若想兼顧工作和逐夢，絕對要照顧好自己的身體。這種情況讓她越來越憂心沮喪，但她又不想因為強迫室友開暖氣，讓剛萌芽的友誼蒙塵。

而埃茲拉是最堅持不開暖氣的室友。有天早上，廚房內正好只有他和安娜貝爾兩人，於是她決定跟他談談這件事。她知道要是用讓埃茲拉感到愧疚的方式來爭取她要的結果，之後兩人相處起來一定會有疙瘩，因此她將重點放在訴說自身的感覺：「我好怕，」她脫口而出：「是真的很怕。我之前住的地方很冷，後來我就病倒了。要是再來一次，我就沒辦法繼續當舞者了，這對我來說真的非常重要。」

埃茲拉十分震驚，他沒有意識到她感到害怕（事實上，安娜貝爾自己也是說出口的那一刻才發覺），她的脆弱觸動了他，讓他也決定敞開心房說出他自身的恐懼。「我擔心的是錢，」他說：「因為我工作不穩定，時常都要擔心下個月帳單付不付得出來。我大概是把暖氣費當成我可以節省的開銷了吧。」

　　由於彼此都願意卸除心防、坦白說出感受，安娜貝爾和埃茲拉也瞭解兩人都有心幫助對方。安娜貝爾需要的是健康，埃茲拉則需要安全感，而兩人都需要與對方建立連結。說開之後，他們也得以改變自身立場。由於安娜貝爾對健康的需求讓埃茲拉心有戚戚焉，減輕了他對安全感的焦慮。「我當然不希望妳生病，能一直跳舞，」他說：「我們一定能商量出對大家都好的暖氣使用方法。」而安娜貝爾這邊則是非常認真看待埃茲拉的經濟考量，並承諾一起設法來控制費用。最後，他們決定先讓暖氣連續開一整個月，再來分析花費──說不定費用不像埃茲拉想的那麼可怕。倘若一個月後費用果真超標，再來想一個能顧及大家需求的解決方法。

　　第二個故事，是關於珍妮和她十幾歲的女兒艾瑞絲。每年，珍妮、另一半和艾瑞絲一家人，都會跟其他五個家庭一起去參加運河遊船之旅。有一年因故取消，大家都為此感到失望。有一家的媽媽愛麗森另外規畫了一趟旅行，找了三個家庭參加，卻沒有包括珍妮家。珍妮知道這件事後，對於自己家被排除在外深感受傷。

　　問題關鍵來了，那年稍後珍妮家在英國西南部小鎮康沃爾郡（Cornwall）度假的時候，旅遊地點剛好離愛麗森家只有兩小時車程，女兒艾瑞絲非常想見她的朋友：「媽，拜託啦，我們去嘛。妳可以和愛麗森聊天，我們一群小孩會自己玩。」珍妮難以抉擇。從她的角度來說，一旦去了，她不僅要面對自己對愛麗森複雜的情感，還得放棄河上獨木舟一日體驗，而她對此已經期待好幾個禮拜了。「如果愛麗森出去玩不想邀我，那我也不想找她，」她悄悄碎碎唸，「我才不要為了她放棄獨木舟。」

她正準備向艾瑞絲說明為何不去，艾瑞絲突然哭了出來。「我真的很想念遊船旅行，我好擔心我們再也去不成了。他們後來自己去玩根本就沒邀我。我不懂為什麼要漏掉我！」珍妮心中頓時湧出了對女兒的感同身受──她自己當然也很難過，怎麼可能不難過？這種同理並不代表珍妮自己的需求變得不再重要，她因此有了新的想法。

　　接下來，母女的對話從爭辯要去找愛麗森還是划獨木舟，變成兩人一起發想怎樣才能讓大家都開心。在分享感覺和需求的過程中，珍妮和艾瑞絲都開始進入新的心境。珍妮的需求包括感覺自在、享受樂事，以及對歸屬感有著強烈的指紋需求。被排除在旅行同伴之外後，這個指紋需求觸發了她的反應。她意識到，有歸屬感的需求也能在度假以外的時間獲得滿足，此刻對她而言，只要自我同理去承認有此需求的存在就夠了。

　　「聽起來妳真的很想見他們，」珍妮對艾瑞絲說，「我在想，我們能不能想一個兩全其美的作法？」經過一番討論，她們決定白天一起去划獨木舟，並約好晚上愛麗森一家人要來和她們會合。

這兩則故事，都顯示了「與人分享自己的脆弱」很有力量。它為我們打開了另一種看待事件的方式，主導腦中思緒的不再是根深柢固的想法，而是需求。值得注意的是，兩則故事都是同一套流程，只不過進行的方式有所差異。安娜貝爾是先照顧了自己對健康的需求，而後再認知到埃茲拉對安全感的需求；珍妮則是先同情了艾瑞絲與人連結的需求，這點也讓她的思考不再受限，得以聯想到她自己的需求。想先與哪一邊的需求連接都可以，重點是兩邊的需求都要被理解並納入考量，然後再開始尋找策略。

這樣不算妥協嗎？

這問題問得真好。如果單看表面，用需求理解法找到的解決方法，有時好像和妥協而來的辦法差不多。然而，得出結論的過程完全不同。正因如此，需求理解法才能帶來更有品質的結果。妥協本身就帶有衝突感，通常是有一方或雙方被迫放棄自己珍視的某些事物。需求理解法的策略則更為高超，目標是達成雙贏，而且策略本身也往往比妥協更有想像力，思考的層次更為豐富。

再回到安娜貝爾的暖氣故事，妥協的作法可能是一天之中有一半時間開暖氣。安娜貝爾不得不打消整天開暖氣的念頭，埃茲拉則要設法節省別的開銷，不過妥協的結果也可能是他們實際採用的那個辦法：試行全天開暖氣一個月。但如此一來，安娜貝爾只是暫時得到了她所要的結果，她還得擔心一個月後又會回到原本的困境。埃茲拉則不得不為可能產生的龐大費用焦慮。然而，由於他們都與彼此的需求連接上了，導致策略感覺並不像妥協，反倒像是雙方很滿意的良方。埃茲拉可以顧及安娜貝爾的健康，安娜貝爾也能幫忙增加埃茲拉的安全感。他們是肩並肩站在一起，而非分別站在擂台的兩邊，互相對峙。

抓緊需求，放開策略

　　需求理解法的核心觀念之一，即是策略與需求的區別。需求是全人類共通的，策略則否——策略是為滿足需求而特地採取的一種行動。舉例來說，人都有需要休息的時候，但休息的方式可以有很多種，包括早睡、打個小盹、酒少喝一點、運動等等。不同的人，就可能採取不同的策略來滿足相同的需求，端看他們覺得什麼方法管用，以及當時有哪些選項可選。

這項區別之所以重要，是因為當我們和他人產生摩擦、甚至覺得和自己喜歡、重視的人變得疏遠時，造成阻礙的是策略，而不是想滿足的需求。我們有時得用批判的眼光審視自己的策略，尤其當某種策略完全解決不了問題。

讓我們用卡蜜兒和薩拉作為例子。她們正在爭吵該去哪間餐廳，但問題癥結其實在別的地方。卡蜜兒有個潛藏的需求，需要被重視（具有重要性）和被聽見，而薩拉則是需要獲得樂趣、受到尊重。兩人用來滿足需求的策略都是說服對方接受自己的意見。因此演變成卡蜜兒堅持去她喜歡的店，強迫薩拉接受一個無法滿足薩拉需求的策略——結果只會減少樂趣和尊重。若想一起走出難關，卡蜜兒可以抓緊她自己的需求，但同時也必須願意放開她所偏好的需求滿足策略。

顧及所有人需求時所想出的解決方法，最可能奏效。卡蜜兒能採取的策略之一是請薩拉建議一個她覺得可以顧及雙方需求的辦法。假如兩人對需求理解法的觀念都不陌生，卡蜜兒可以直接明說，並指出她們各自的需求。例如：「我大概是需要被重視吧。我猜妳是想尋找樂趣，可能也想得到一點尊重對吧？可以請妳建議一個適合我們兩人的作法嗎？」此舉本身就展現了尊重，薩拉或許會因此放鬆一點，也更樂意將卡蜜兒的願望納入考量。

但如果只有卡蜜兒單方面知道需求理解法，或如果「找需求」讓其中一人感覺到不實際或不自在，卡蜜兒可以另闢蹊徑，例如：「薩拉，我覺得我們卡住了。要是能想一個我們都滿意的辦法就好了。妳有什麼好點子嗎？」這類說法不必提及需求或策略，就能邀請薩拉思考一個顧及雙方且雙方都能接受的解決方法。

　　卡蜜兒能採取的第二種選擇，是在其他時間處理自己對重要性的需要，現階段先不將這個需求加進兩人關係的共同湯鍋裡。透過認識和同理這個需求，久而久之，她和薩拉對話時，此需求就不太會下意識地「跑出來造反」。

　　當兩人的想法都較接近第二種選擇，而不是一心想著「我要去我喜歡的那家餐廳」，就算最後有人沒去成想去的店，兩人之間也會存在著較多的愛與連結。總而言之，細心理解全員需求之後，好策略往往會跟著出現。

　　放下某種策略，說起來簡單，做起來並不簡單。有些策略對滿足需求非常有效，導致我們對其產生依戀，甚至依賴到分不清處策略和（有待滿足的）需求的地步。這樣只會讓我們畫地自限。我曾有很長一段時間，考慮從布里斯托（Bristol）搬家到兩百多公里以外的倫敦，因為我知道在倫敦能接觸到更多人，有助於推廣我的工作。而遲疑不搬的原因是我擔心女兒必須轉學。「我不能搬家，強迫女兒跟我跑到英國另一頭，遠離她喜歡的朋友和學校，」我對自己說。但事實上，我是把「對女兒的幸福有所貢獻」的需求，和「在布里斯托住到女兒畢業」的策略混為一談了。

我帶女兒一起去了趟倫敦後，重新評估搬不搬家的問題。我戴上了需求眼鏡，心想：「我真的很希望她快樂，所以一直以來都選擇不搬。因為我相信這麼做，女兒會最為快樂。但她已經長大許多，也有其他方法能兼顧我們的需求，包括我在工作上創造意義的需求。」我意識到女兒雖然更想留在布里斯托，且對搬家有點緊張，但我們兩人都看得出轉學到一所更適合她的學校（外加定期回布里斯托探望朋友）帶來許多好處。這讓我不再緊緊守著原本以為最好的策略，而是看清楚它的真面目——我以前想出來的這個方法早已過了保存期限。我允許自己另尋他法——一個可以同時顧及所有需求，又對我們母女都行得通的解決良方。這時我得抓緊的是自身需求，並輕輕放下了過時的老法子。

靠指紋需求解決疑難雜症

約翰是獨立開業的顧問。他和一位商業教練（business coach）合作了一段時間，後者認為約翰能輕鬆勝任顧客「救世主」的角色。約翰發現自己老是答應要幫他們，結果因為工作繁忙，根本無法兌現承諾，讓後者覺得失望。對約翰而言，這種想幫人的衝動，可能透露了他有一個隱藏的指紋需求——相信自己已經夠好了。

東妮有個習慣，那就是她會無意識地與朋友保持距離，除非朋友遇上麻煩。一旦發生這種狀況，她就會立刻挺身幫忙，但最後往往會因為發現朋友並不感激而氣憤不已。她的指紋需求可能是針對情緒安全感（emotional safety）方面，而她試圖滿足此需求的方式是避免與人太過親近，只有當她認為對方會欣賞她的付出時，才甘冒風險去接近那人。遺憾的是，人們常常不感激她所做的事。

如果你是關係中的另一方，面對約翰需要相信自己已經很棒、東妮需要確保情緒安全的指紋需求而做出的種種行為，你或許會覺得有點困惑、光火或失望。正因如此，真正意識到他人也有指紋需求，對你的幫助很大。我們會釐清原本覺得莫名其妙的處境、對他人發揮同情心，進而找到大家都能接受的前進之道。

　　譬如，在類似約翰和東妮的案例中，人們有兩種常見的反應：一種是假裝很感謝他們的幫助，但其實不然；另一種是覺得很煩，請他們別再幫忙了。兩種反應都會導致雙方的隔閡越來越深。然而，若能注意到他們的指紋需求可能在發揮作用，我們就能採取第三種立場：繼續感同身受他們的處境，同時也能兼顧自身需求地行動。然後，我們也許就能將迴避和惱怒，轉化成感激和理解：「謝謝你的心意，真高興你有想到我。但目前我自己就能處理了。如果需要幫忙，一定讓你知道。」

　　關於這部分，還有一點要小心。當我們感覺他人有某些指紋需求時，可能會不小心出現些微的優越感，例如：「我知道她就是這樣啦！她只是因為對○○有著指紋需求才會╳╳。」這時請記得保持謙卑的態度。當我們猜到某人的指紋需求時，並不是要診斷或評斷對方。我們實際上在做的是幫助自己用一種能增進關係、而非阻礙關係的方式，處理一個令人困擾的情境。

PAUSE BOX
暫停小格 ||

利用實作框架處理指紋需求
準備物品：需求表

漸漸熟悉自己的指紋需求後，當別人陷入指紋需求問題時，你會越有能力去分辨。

回想一個反覆發生或引發你情緒激動的情境。情境中有沒有別人都可以。盡量選擇會讓你想更瞭解自己的反應，或是希望有別種解決方法的情況。

拿出需求表，參考本章所述的需求理解法實作框架，跟著步驟實際演練一遍。

你有發現任何可能是指紋需求的需求嗎？請連結上這些需求，看看是否帶來任何新的啟發？

如果實行過程不順利，可以參考第四章（什麼讓你動起來？）的方法，協助你找到自己的指紋需求。

利用實作框架處理內在衝突

我們都經常在面臨抉擇時，內心出現矛盾，不知如何取捨。我們的不同部分追求著無法兩全並立的結果，最後我們可能決定不管需求、直接「試用」各種策略，導致自己陷入某些負面心理狀態的迴圈走不出來。

其實可以採取另一種方法，那就是透過需求的眼光來觀察內在的兩難處境（即「內在衝突」）。用需求理解法來處理內心糾結難解的問題，和處理人際衝突的流程差不多。只不過，前者起爭執的對象不是他人，而是自己。因此一樣能運用同一套基礎框架，來聆聽追求不同結果的內在不同區塊，並與它們背後的需求連接起來。一旦所有的需求都加進了湯鍋，我們就能尋找一條最有益的途徑，來走出這個難題。

人在遇到內在兩難時，在局內的自己有時反而看不清楚，而聆聽所有衝突的元素可能會讓我們不太自在。接著來看勒羅伊的例子，他想向老闆卡翠娜提出一個革命性的熱血新點子。他深信這個提案的潛力，但他也知道卡翠娜對嶄新的觀念不屑一顧。他到底該不該提案呢？

勒羅伊趁著週末沉思了一番，發現內在有兩種聲音。一種說著：「這主意妙透了！雖然大膽，但光想到能提出這種可能，就令我興奮不已。」接著他追問自己，這點子的哪個部分讓他如此看重，結果恍然大悟——他這陣子工作起來常常感到無聊。「我希望擁有充滿活力、受到挑戰的感覺！這就是我試圖要照顧的需求。」

第二種聲音對他而言較難聽見，因為他並不喜歡那聲音所說的話：「我怕丟臉而被輕視。卡翠娜可能會狠狠否定我的點子。」勒羅伊大可無視那聲音（「哎唷！不會啦！」），也能批判有這

種想法的自己（「我不該有這種感覺，又沒那麼嚴重。」），或者理性化他的想法（「這麼好的機會以後不會再遇到了，我應該直接去做就對了。」）然而，他知道如果抗拒、不肯聆聽自己內在的某些部分，它們只會吼得更大聲，以便吸引他注意藏在後面的需求。若是不去聆聽聲音真正想傳達的訊息，它們最終會奪得主導權，妨礙他實現夢想和目標。因此，勒羅伊沒有迴避第二種聲音，他盡可能同理並好好地去聽那聲音背後的需求。「我會有這種感覺也能理解。我很重視這個點子，所以很怕被卡翠娜否決。我真的很希望她能聽取我的想法。」

覺得較能和他的需求（想獲得活力、接受挑戰、被聽見）和諧共處之後，他想到不如也思考卡翠娜可能有什麼需求。最明確的或許是需要被尊重。若他沒想清楚就去找她提案，她可能會感到不耐煩和生氣，因為她的需求沒有被照顧到。

現在所有需求都在鍋裡了，勒羅伊更能清楚思考如何尋找一條他和卡翠娜都能接受的途徑，來走出這個處境。他該怎麼提出新點子，才能展現對她的尊重呢？他立刻發現自己在評估總預算和分析優缺點方面沒有做足功課──目前提案的缺失看起來太明顯了。若希望卡翠娜認真考慮他的提案，他就必須準備好相關證據來佐證。於是他重寫了一份完整的提案書，準備好下週一去找卡翠娜。

當我們的人際關係陷入僵局，或是一直為解決不了的問題所苦，原因經常是沒有好好去思考事件背後的需求，就直接從問題跳到了策略。

重點回顧

→ 要顧及全員需求，首先需要同理自己也同理他人，這樣才能察覺一個處境涉及的所有需求。

→ 一旦盡可能找到了這些需求，我們就能想出比以往更有創意，也更具建樹的好策略。

→ 混淆需求和策略，會變成堅守對自己無益的立場；請注意自己抓緊的是需求，放開策略，以免徒勞無功。

→ 需求理解法的解決方法，並不等同於妥協：妥協令人感覺像是一方或雙方被迫讓步，需求理解法的解方則令人感覺每個人都是贏家。

→ 遇上內在的兩難時，注意那些讓我們不自在的聲音和隱身其後的需求，有助於找到一條更快樂的前進之道。

CHAPTER 9

超越

→ 對錯

從對抗走向協力

德克倫和麗茲住在一起已經一年了，兩人對同居生活很滿意……只除了一個大問題。德克倫快被麗茲的邋遢逼瘋了。他下了班回到家，總會把外套掛好、鞋子收進鞋櫃，麗茲則是一進家門就把外套扔在沙發上、靴子隨便蹬到一旁。

不只是外套和鞋子的問題而已。麗茲每次下廚，都會弄得廚房一塌糊塗；她打扮好晚上出門後，臥室總是丟了一地衣服沒收；在家上班的時候，從她的工作室到客廳一路上都是亂丟的紙屑。如果德克倫抗議她不整理，她反而會一臉驚訝。因為從她的角度來看根本沒有問題呀──不過就是這裡、那裡都放了一點小東西，德克倫怎麼就不能變通一下？

德克倫內心十分糾結。麗茲最可愛的特點之一就是想到什麼就做什麼，也很會發現樂趣，而且她從以前就是這樣亂糟糟的，也從未影響他們的感情。他很珍惜他們一起度過的快樂時光，希望一直這麼快樂下去。但另一方面，住在像個垃圾堆的環境裡，讓他心情煩躁又壓力很大。

他試過請麗茲以後把東西收好，但她會記得一次，下次又忘了。他也努力去忍受凌亂的家，但最後只會忍到一肚子火而爆發。他甚至也試圖自己收拾，可是他收得越快，她的東西似乎在跟他賽跑一般、更快地堆滿四面八方。他們的日常就是不時地爭吵，吵完了他又會開始愧疚，因為他希望她快樂、希望兩人和樂融融。就這樣在挫折感和罪惡感之間來回擺盪，已經讓德克倫筋疲力盡。

最後，他意識到如果要解決他們之間的問題，就必須找回他和麗茲的連結感。不過，他採取的第一步是從他自己的角度思考這個問題。不先這樣做，他就無法在心有餘的情況下多多瞭解她的狀況。從德克倫的角度來看，家裡到處亂七八糟，而他在凌亂的環境中也會變得很糟。「你會那麼生氣是可以體諒的，」他對自己說：「你討厭生活這麼邋遢，而且這讓你無法享受居家時光。有這種感覺不代表你很過分──說出你想要什麼是 OK 的。」同理自己和內心的惱怒後，他察覺自己需要的是內在的平靜。現在他覺得自己已經準備好了，可以繼續去瞭解麗茲的想法，而目前的處境是他們能一起設法解決的共同問題。

他也開始思考麗茲抱持的是什麼樣的觀點？德克倫知道對麗茲來說，凌亂本身並不構成問題。事實上，她很享受不收拾東西的那股自由不羈。但他看得出來髒亂的家對她也同樣造成了困擾，因為這點會讓德克倫對她生氣，麗茲可不喜歡被責怪或聽別人大小聲。她和他一樣想要建立良好的連結與和諧相處。現在，他可以和她一起思考日後要怎麼做了。作為開場白，他先述說了自己想像中兩人的感受。

「我知道妳覺得東西隨手放很自然，也希望妳別有任何壓力覺得不能這麼做。不過，我的感覺跟妳不一樣。家裡亂糟糟的會讓我心煩，因為我必須在整齊的環境中，狀態才會比較好。我為這件事發脾氣惹得你都不高興。妳有沒有什麼辦法呢？能同時考慮到我們兩人感受的辦法？」

麗茲很感動德克倫努力從她的角度去看問題，答應會盡力想想兩全其美的方法。這場對話後來以各種形式持續了數週之久，最後因麗茲的一個點子而有所突破。家裡有個麗茲專屬的房間（她的居家工作室），那間房間她想要怎麼亂都沒關係，而家中其他地方她就會盡量不亂丟東西。如果她故態復萌，德克倫會不生氣地善意提醒她，並可以選在麗茲不在家的時候，把她亂丟的東西丟進她那間專屬工作室。直到今天，這個方法一直都很順利。

你可能沒經歷過一模一樣的難題，但過去應該遇過類似的挑戰。你碰上的可能是一個顧人怨的同事、一個行為不當的小孩，又或者是一個格局更大的煩惱，例如對當前政治風氣很失望、對大環境的絕望等等。而你該問自己的問題永遠都一樣：我能做什麼？

對此的答案，也就是本章將探討的主題，亦即將彼此看成夥伴、而非對抗關係。此舉可以為個人生活和廣大世界中的問題，提供源源不絕的各種新奇解方。我們有辦法在不傷害關係的同時解決問題，事實上，整個過程也必然會促進與加強我們與他人之間的連結。

對抗的範式

與別人意見不合時，就像在和對方進行一場權力鬥爭。遇上的問題好比雙方中間隔著一座山，兩人各自埋頭努力想把山移開。當我們略過需求，直接跳到解決問題的步驟，就會各自採取偏好的策略，而不去考慮策略背後的需求，我們就像拉著一條繩子、往不同方向使勁地拉，但山依然不動如山。

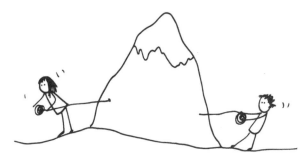

孤單站在山兩邊的我們，看不見彼此的存在——我們失去了與對方的連結。也因為我們是從截然相反的角度去看問題，彼此都只看得見自己這邊的情況，無法體會對方抱持何種觀點。我們都希望問題消失，但前提是要先滿足自己的需求，而對方的需求就置之不理。於此同時，我們深怕放下自己想到的策略，擔心一旦捨棄自己的作法，滿足需求的希望也會一同破滅。這就是對抗的範式（paradigm）。

與人對抗時，我們常見的思維模式：

☞不是我的問題，就是你的問題。

☞問題擋在兩人之間，阻礙兩邊的連結。

☞我看不見你，只看得見問題。

☞我的方法，就是對的方法。

☞無論你說什麼、做什麼，我都不會放棄我的方法。

☞結果必定是一人贏，另一人輸。

☞衝突不是好事，應該盡量避免。

　　對抗的思考模式，不只存在於我們個人的關係或工作關係中。生活的方方面面都是以這種思考為基礎。大多數社會結構——家庭、教室、職場、公家機關——皆建立在按照階級分配控制權和特權的制度上。位在金字塔最頂層的人握有底層者無法享受的權利和自由。而後一群人——例如兒童、低收入人士、社會邊緣人——則活在可能遭到上位者報復的恐懼中。許多人自幼開始，便建立起「人就是要互相競爭」的觀念。和兄弟姊妹搶奪父母的關愛、和同學比考試成績、成年後爭取工作機會或加薪升官等等。無怪乎當我們與他人意見不合時，總會採取對抗的立場，彷彿要在這個非贏即輸的社會生存下來，沒有別條路可走。

想知道對抗範式是否真如前述那麼普遍，下次出門時（例如搭公車、坐在某家餐廳裡），不妨聽聽看周圍人們的對話。你可能會發現有一點很有意思，一般人的社交方式往往是找出一個「敵人」，然後去捍衛自己反對那名敵人的立場。這名「敵人」也許是我們討厭的政治人物、不聽話的孩子、把我們氣得半死的另一半，或是讓我們失望的同事。這些對話經常讓人有種感覺——這個世界好像到處都是我們覺得難以應付、難以理解、不喜歡、甚至是害怕的人。這些人當中，有些是我們一輩子都不會見到面的陌生人，有些則是親人、同事或認識的人。如果不知道如何帶著理解和尊重與他們互動、又不想放棄自己相信的價值，我們最後不是與對方爆發衝突，就是退回自己的小小社交圈。這意味著我們無法去影響對方的觀點。從小處來看，這可能導致一家人之間的矛盾；從大局來看，這也是種下社群和國家之間衝突的原因。

　　反過來說，那些我們認為與自己相似（譬如出身背景相同、世界觀接近）的人，可能會被我們視為盟友。與感覺最像自己的人們共處，經常有助於滿足一些重要的需求，例如安全、歸屬、舒適、自在的感覺。但當這些人就是我們的全世界，同樣的問題依然會一再出現。

　　其實，我們還有另一種選擇。善用先前討論過的需求理解法工具，可以幫助我們跳出對抗的範式，轉移到「夥伴的範式」。夥伴的思考模式中，我們會同樣用心地看待所有需求，盡可能讓每個人都有最多的需求得到滿足。而夥伴範式的前提是：用每一方都能接受的方法來解決問題，才是比較合理的作法。我們不再依循舊有的思維，認為意見不同的人都站在山的另一邊；我們會換上新的思維，也就是認為所有人都站在同一邊，共同面對眼前的問題。

夥伴的範式

　　在夥伴範式下，你的出發點是尋找一個能滿足全員需求的解決方法。這表示你願意放掉你所中意的策略，但同時仍抓緊你自己的需求。

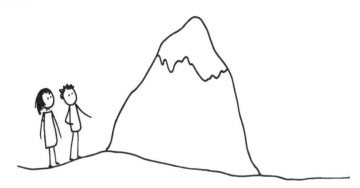

　　關鍵在於，你不會把另一人視為錯的一方，他們只是抱持與你不同的看法——一些不能滿足你需求的看法。你想做的不是和對方爭論要用誰的策略，而是理解他們（和你自己）的需求，以便尋找一條大家都滿意的途徑，繼續前進。這樣做的同時，你也和對方之間建立了更緊密的連結。而且，就像需求理解法最早點出的重點：你完全可以獨自一人做到這件事，其他人不需要學過這套方法或知道這種思考方式。即使只有你單方面採取這種新模式，也能發揮同樣強大的效力。

轉移到夥伴範式後，我們常見的思維模式：

- 這是我們的問題──我們站在同一陣線，一起設法解決問題。
- 我繞過山而來，站在你的旁邊，我能用不帶責怪的眼光看你，我們的連結也恢復了。
- 問題並未因此消失，但讓我們一起面對。
- 除了我的方法，可能還有別的方法。
- 我需要抓緊我的需求，但我會盡力放開我的策略。而且我完全樂意去聆聽你的需求，同樣細心地照顧它們。
- 大家都可以是贏家。
- 衝突，是找到更好解決方法的機會。
- 夥伴範式讓我們能夠換種方式思考，不再只考慮自己偏好的策略，開始瞭解問題背後發揮作用的需求──亦即人類共通的需求。這增進了人與人之間的連結，因此我們很自然地不會考慮一個非雙方都能接受的結果。

就像對抗範式為人們構成社會的方式奠定了基礎，夥伴範式能帶來的益處也遠遠超越了個體人際關係的層次。試想有個女孩因為行為干擾到班上同學，被叫到了校長室。校長沒有訓斥她的「壞」行為，反而和她討論她做出那些行為，是為了滿足哪些需求。他支持女孩用一種對她自己、對班上老師或同學而言，都一樣可行的方式，來滿足這些需求。

你也可以想像我們的政府換了全新的制度。設想在這個制度之下，政治領袖不再以對抗之姿辯論誰對誰錯，而是將關注焦點放在需求上面。他們會聆聽並試圖互相理解，而不是各自去贏取政治分數。人們評估一個法案的好壞，會著眼於它能不能滿足需求，而大家共同面對的挑戰，是怎麼使那些最能照顧全體公民需求的法律通過。

在上述例子中，沒有人必須放棄自己的信念，也無須壓抑自己的感覺，而且於此同時，新的空間也騰了出來，供人們去探索各式各樣有創意的解決方法。

夥伴範式的參考話語

由於我們太習慣以對抗的語言說話（「我真不敢相信他們做出這種事！」或「她為什麼每次都能得到她想要的結果？」）若想改用夥伴模式來思考，可能會覺得自己踏進了一大片未知的領域。這時可以想想看，什麼樣的話語最能反映這種思考模式？以下也會提供範例供各位讀者參考。但也如同本書一再重申，最重要的是用你自己覺得真誠的方式來表達。所以如果範例不像你會說的話，儘管將它們當成一種解說，據此去發想更適合你說的話。此外，話語所蘊含的能量，比遣詞用句更重要。當你能夠真心將問題看成共同的難關，光是靠著肢體語言、語氣或手勢，就能幫你傳達一大半想說的話了。

> 「聽起來你很沮喪，但這件事也讓我不開心。你覺得現在我們可以怎麼處理，才能讓雙方都滿意呢？」

「看來我們遇到問題啦！有什麼辦法嗎？」

「我不認同你說的，我想瞭解你為什麼覺得這樣比較好，你能多解釋一點嗎？」

「我發覺我在和你有關的事情上，已經有好幾次都不太愉快了，我想你可能也有一樣的感覺。如果我們可以一起討論，想個我們都覺得不錯的改善辦法，我會非常高興。你意下如何？什麼時間比較方便呢？」

帶有尊重的界線——顧及彼此的「不」

　　人生中總會有遇到這種情況，不管你多努力都找不到盡如人意的方法，這時你有什麼選擇呢？也許是勉強同意一個無法滿足你需求的解決方法，但心裡總覺得不是滋味。或者強迫對方接受一個無法滿足他們需求的選項，結果搞得對方一直不高興。抑或是你可能會被某種執念困住，覺得自己的快樂取決於對方要不要改變，於是千方百計想讓他們改變。採取上述方式幾乎都沒有好結果，尤其是以長遠來看的話。不過，你還有另一種選擇，亦即你可以設定一條界線，也就是選擇說「不」。

　　即使設定界線無可避免，你可能還是想盡量和對方保持良好的連結。想做到這點的關鍵在於你有沒有考慮到對方的看法，以及看法背後的需求。需求理解法提供了一種設定界線的方法，能在尊重對方的同時，照顧到全員的需求。想要設定帶有尊重的界線時，你需要做到下列幾點：

▣照顧自己的需求和價值，但不會試圖改變對方的需求和價值。

▣不要想著去教訓任何人。

▣不要想透過界線來懲罰任何人。

就像下面兩句話之間的差別：

「我不要今天晚上打電話給你——你要求太多了。」✕

「我今天晚上需要休息，就不打給你了。我明天再打。」○

　第一種說法是在指責對方，第二種說法則是用需求來解釋你的界線，這麼一來，對方不會覺得你的話是針對他們的攻擊（儘管他們可能有點失望）。你承擔了對自己需求的責任，也承認你設下了這條界線，但並沒有存心去強迫對方改變心意，或是鼓勵對方認為自己有錯。

　有些時候，就算你沒有時間或心力去設好尊重的界線，先即時確立一條界線也是最安全也最能照顧彼此的作法。在你的情緒或人身安全受到威脅時更應該這麼做。舉個比較明顯的例子：有名女子過去幾個月都被另一半情緒勒索和虐待，於是逕自離開了所處的情境。因為她若再與另一半繼續互動，可能會受到更多傷害。

　再舉個尋常可見的日常情境：你不由分說就把孩子從車子來來往往的大路上拉到路邊——你以後仍有時間去同理孩子震驚的情緒或生氣掉淚的原因。但你已經累到極點，為了不要失控發飆，你對另一半說：「我需要先出去冷靜一下，晚點再解釋！」到了心力庫存較為充足的時候，若你想修復被前述作法破壞的連結，可利用你的聆聽和同理工具，重新展開對話。

設定界線的參考話語

如同先前所述，比起遣詞用字，話語背後的能量和動機更為重要。在夥伴模式下，設定界線意味著你已經察覺一件事涉及的所有需求。但你實在找不到滿足此處境中雙方需求的方法，因此為了保護自己的需求，只好選擇說「不」。以下範例中有不少字詞，既能用懲罰的口吻說、也能用保護的語氣說（懲罰和保護即代表能量），而後者才能協助你設下帶有尊重的界線。

想守護自己對內在平靜的需求：「我需要完全放心才行，我現在還是會擔心你走路去學校會發生危險。等你十歲我就讓你自己去上學，但現在不行。」

想保護你認同的環保觀念：「我也想週末飛去布達佩斯參加你的生日派對，但少搭一點飛機、少一點環境污染，對我來說非常重要。抱歉，今年就不過去幫你慶生了。」

想保護能好好休息的需求：「可惜現在不行——我很想幫你，但現在真的沒辦法，因為我好累喔。」

回想一下德克倫和麗茲的例子，假設他們對於麗茲要不要收拾無法達成共識。要是麗茲拒絕討論，但德克倫希望可以想出一個好辦法，既能維繫兩人感情，又能滿足他對內在平靜的需求，那他該怎麼做呢？有些事是他有能力改變的，有些則不是。他可以用讓她愧疚或操控的手段向她施加壓力。這樣說不定會成功，但勢必多少會傷害到兩人的關係。他也可以決定忍受凌亂。若沒有別的選擇了，這或許是可行的辦法，但前提是他要真心這麼想：

因為和麗茲的關係中有太多更值得珍惜的寶貴事物了，我願意繼續過著需求得不到滿足的日子。若非如此，他多半會懷有怨氣，然後用某些方式發洩在麗茲身上。

德克倫也可以選擇設定一條界線，比如對麗茲說：「我真的需要整齊清潔的生活環境才能發揮最好的狀態。我想不出該怎麼做才能在忍受家裡很亂的同時又不會抓狂。我知道妳不想討論這件事，所以今後我把屬於妳的東西統統打包，放進妳的工作室。而我明白這不是妳想看到的結果。」

PAUSE BOX
暫停小格 ‖

為何說「不」這麼難？

覺得說「不」很難，可能的原因包括：

- ⊙ 覺得自己的需求不重要
- ⊙ 認定人們不會喜歡自己
- ⊙ 想避免衝突
- ⊙ 不知道如何說「不」
- ⊙ 過去曾經有說「不」被無視的經驗
- ⊙ 被社會制約成只會說「好」

回顧過去有沒有你嘴上說「好」，但其實心裡希望說「不」的經驗。是什麼原因促使你說「好」？你希望下次可以回答「不」嗎？你需要做什麼，才能讓自己開始說「不」？

用連結跨越鴻溝

意見不合並非壞事，而且正好相反，它不僅展現出同一個問題可以有多種解決方法，也讓我們有更多機會找到一種絕佳方法，可以同時滿足最多的人，以及最多的需求。這個世界需要有因人而異的各種觀點，才能真正受惠於人類天生內建的多元意見功能。真正的問題並不是意見不合，而是「失去連結」。

當我們與自己本身、與自己的需求、與抱持不同世界觀的人們所有的需求，失去了連結，就會製造出兩極分化的社會。我們更堅守自己對世界的觀點，因為不知道該怎樣與人互動，才不必放棄自己珍視的重要事物。這會使我們彼此之間呈現憤怒、沮喪的狀態，而這種狀態並不能幫助我們活出快樂的人生，也無法讓世界變得更美好。

需求理解法提供的辦法，可以有力地表達不同意，但又不會將對方當作「錯的一方」。最初身體力行時可能會覺得不太容易。我們可能會擔心，一旦瞭解別人的想法為何與我們相反，就一定得接受他們的立場。事實上並非如此。我們手中的確擁有一個選項，可以不再將他們視為敵人或自己的「對立面」，進而去體會他們到底是怎麼想的。他們之所以採取讓我們難以接受的作法，是為了達成什麼需求呢？當我們透過需求的眼光去看待意見不和這件事，對話就會從證明孰是孰非，轉而變成共同坐下來討論彼此的策略，還有哪些未被滿足的需求。透過需求的眼光，我們就有能力找到所有人都滿意的前進之道，而且始終保持著夥伴關係，與人連結。

---→ 一句精華 ←---

在夥伴範式下，我們不再將意見不同的人視為錯的一方，而是開始思索他們的行動是為了滿足哪些需求。

重點回顧

➤互相對抗、角力時，就好像自己和對方之間隔著一座山，雙方都緊抓著自己的策略不放，認為自己的方法是解決不合的不二法門。

➤在夥伴範式下，雙方會移動到山的同一邊，與彼此建立連結並好好維繫，尋找雙方都能接受的前進之道。

➤以夥伴的模式來解決問題時，我們不再認為自己不贊同的行為是錯的，而是清楚知道這些行為只是不能滿足我們的需求。

➤在夥伴範式下，我們會抓緊自己的需求，同時願意放開想用來滿足需求的策略。

➤若無法把對方當成夥伴來解決問題，可以選擇設定一條帶有尊重的界線；這樣既能保護自己的需求，也能好好照顧與對方的關係。

在充滿競爭的世界選擇連結

　　需求理解法的四大技能領域，能讓人受益無窮。當我們帶著同理心去聆聽，另一人便有機會擁有被聽見、被理解的感覺，而單憑這點就足以帶來巨大的改變。不僅如此，我們也能探知對方可能需要什麼，與他們並肩而立，而非彼此對立。當我們做到關心才能看清自己，就有辦法解釋自己的舉止，以及那些深深困擾我們的情境，進而改以前所未有的輕鬆姿態來處理它們。當我們把話說進心坎裡，就能創造出具建設性的對話，不僅把我們重要的想法傳達給了對方，也打造出一塊安全的空間容納對方的需求。當我們的行動顧及全員需求，就能找到兼顧所有人的途徑，闖過一個個困住我們的問題；原本看不見的解決方法開始一一出現，最後走出難關時，彼此的關係不但絲毫無損，還變得更緊密了。

　　當我們透過需求的眼光看世界，會發現能促成的轉變實在太多，甚至不知道從何開始才好。當然，這取決於你優先看重的是什麼，以及你想要改變什麼。若你的目標是和所愛之人擁有更緊密和諧的關係，可以將需求理解法當成一套實用的工具。若你的理想是徹底改變所在的職場或產業，就能以嶄新的視角去看待如何解決問題和關係經營。如果你追求的不只這些，而是更宏大、更高遠的目標——想要影響世上各階層的人，集眾人之力解決看似無解的問題，那麼這套方法就能提供讓你耳目一新的觀點，思索如何創造出一種有所建樹又積極互動的行為模式，展現宛如移山般的強大力量。

　　談完前述大格局的影響，「讓個人變得有力」看來或許像是小事——但其實這是「最大的小事」。若人人都能透過需求的眼光去尋思他人的言行舉止，而且真心相信人們的一切行動都是為了滿足需求，我們的世界將會徹底改變。我們會把站在政治或社會光譜另一端的人視為潛在的合作對象；我們會更容易與來自不同背景的人們溝通；倘若身為父母和教育者，我們會將新的一代養育成有力量為自己採取行動的人，同時放心交棒給他們、繼續為世界帶來改變。

　　需求理解法的妙處之一是彈性。你可以完全只看實用層面，用它來輕鬆處理原本懸而未解的難題。你也可以靠著此法、進入更深的情緒層面，逐步改變你的思考方式，直到完全拋開那些不合時宜也不合理的慣性思維為止。

　　需求理解法的觀念很簡單，卻可以在生活各方面掀起漣漪。它能讓思想變得自由，領略到自己本來就有潛力發揮創意、解決問題，即使遭逢再艱難的情況，也能以自身洞察力和同理心去妥善地處理。當一個人既能重視及維護自身需求，也能同樣細心地考慮他人需求，內在便會產生一股相當強大的力量。

　　不過，儘管你十分樂意吸收這些益處，也開始思考要怎麼把這一切運用到自己的生活，但有時光是這樣想就會讓你十分頭大。學習任何新事物，最初的階段總是最難上手。有點像是睽違已久重新學開車的人，無法不假思索地就發動引擎、調整後照鏡、直接開車上路；你必須每個動作都很專注，同時還得專心盯著路況。

想讓這段過程簡單一點，有幾個作法不妨一試。首先是回顧需求理解法的四大技能領域，問問自己，哪個領域只要能略微進步一些，就能大幅改變你的生活感受。找出那個領域之後，先全神貫注地去做。接著，回頭翻翻錯落在各章節的暫停小格，每天或每週選一個來深入練習。附錄也收錄了「暫停小格索引」總表，方便大家查找對照。

　　知道並瞭解需求理解法的原則之後，你或許會發現，自己開始用一種新的眼光看待生活。每當感到困惑或遇到瓶頸，你會知道手邊就有一套方法可以讓日子好過一些，活得更有意義；你也知道有套強大的工具能幫你拉近自己和他人的距離。相較之下，你也會發現原本慣用的那套思維與方法大可丟掉，騰出空間和時間來培養一種經得起時代考驗、更為美好，而且是你想要就一定能擁有的理解方式。每當你使用需求理解法，就意味著你又朝著充滿同理和理解的社會，邁進了一步。在那個理想的社會中，我們對生活共同的感受，不會再是孤獨、掙扎或冷漠，而是能感受到社群、意義與共享的喜悅。有興趣跟著我一起去嗎？

需求與自然界

構思本書內容時，我經過一小番掙扎，決定採取人類的視角來解釋需求理解法。因為我覺得這樣學起來最容易，而我的目標是希望讀者能輕輕鬆鬆掌握這些觀念。但世界上還有其他需求也須考慮，亦即動物和環境的需求。

幸而大原則都一樣：就像人類，植物和動物也有各自的需求。無論做什麼，我們都可以選擇是要將整個自然界和所有居民納入考量，還是無視、抑或盡量降低其存在感。綜觀近代歷史，許多人看待我們所居的這顆星球時，採用的都是以人類為中心的視角，人類滿足了自己的需求，卻以傷及星球上其他生命作為代價。我們如今危機臨頭，而且可能繼續失速終至毀滅一切，釀成不可挽回的災難。

然而，正如需求理解法可以徹底改變人際連結的品質，此法也能應用於更廣大的世界。請善用我們對需求的認識與理解，採取行動時，目標鎖定在顧及各種生命型態，或是發揮創意，盡力去尋找可以照顧世間一切需求的解決方法，而這也意味著我們將需求理解法的包容力發揮到了極致。

附錄 → Appendix

說話全能實用表單

暫停小格索引

需求表

這張表出現在本書 P2 ～ 3，亦可至 www.needs-understanding.com 下載可列印的英文版本。

需求表 LIST OF NEEDS

生理需求
- 空氣
- 食物
- 健康
- 光
- 移動
- 休息
- 棲身之所
- 接觸
- 水

安全感
- 情緒安全
- 內在平靜
- 人身安全
- 保護
- 穩定

自由
- 自主
- 選擇
- 輕鬆自在
- 獨立
- 責任
- 空間

具有重要性
- 接納
- 承認
- 照顧
- 同情
- 體貼
- 同理
- 應有的認可
- 尊重
- 被聽見
- 被看見
- 信任
- 瞭解

休閒／娛樂
- 樂趣
- 幽默
- 喜悅
- 愉悅
- 重獲青春
- 放鬆

理解
- 察覺
- 清晰
- 發現
- 學習
- 刺激

連結
- 喜愛
- 欣賞
- 注意
- 親近
- 陪伴
- 聯絡
- 和諧
- 親密
- 愛
- 滋養
- 性表達
- 溫柔
- 溫暖

社群	自我感／自我意識	意義
歸屬	能動性	活力
溝通	真實性	挑戰
合作	能力	清醒
平等	尊嚴	貢獻
納入群體	效力	創意
互惠	為自己做主	探索
參與	成長	整合
夥伴關係	療癒	目的
自我表達	誠實	
分享	完整	自我超越
支持	相信自己夠好了	美
包容	對自己重要	慶祝
	自我接納	交融
	自我照顧	信仰
	自我實現	渾然忘我
		希望
		靈感
		哀悼
		神祕
		和平、和睦
		更大的存在

感覺表

　這張表的靈感來自瑪麗安・戈斯林（Marianne Göthlin，www.
skolande.se），出現在本書中的 P64 ～ 65，亦可至 www.needs-
understanding.com 下載可列印的英文版本。

感覺表　LIST OF FEELINGS

Notes：此表將感覺彙整成數大類，供參考、找靈感用

高興：快樂、光明、喜悅、滿足、開心、幸福、勇敢、感激、自信、
鬆了口氣、感動、驕傲、樂觀、喜出望外、溫暖、美好……

興奮：驚奇、覺得有趣、興高采烈、訝異、屏息、迫不及待、精
力旺盛、熱情、醉心、有靈感、有興趣、著迷、被激勵……

平靜：冷靜、滿意、廣闊、幸福、滿足、放鬆、安全、清楚、自在、
舒服、鬆了口氣……

關愛：溫暖、深情、溫柔、友善、敏感、同情、被滋養、信任、熱心、
感動……

頑皮：精力旺盛、清爽、警覺、被激勵、興高采烈、大膽、迫不及待、
好奇……

養足精神：放鬆、警覺、清爽、強大、有活力、充滿能量……

感謝：感激、欣賞、充實……

傷心：孤單、沉重、無助、悲痛、無力招架、遙遠、喪氣、困頓、
錯愕、掛心、消沉、絕望、失望……

嚮往：渴望、懷念、懊悔、思念、心痛、遺憾、惆悵……

害怕：畏懼、恐懼、怕極了、緊張、恐慌、震驚、焦慮、孤單、抱持懷疑、狐疑、惴惴不安、憂心忡忡、受驚嚇、嫉妒、吃驚……

生氣：發火、挫折、憤怒、抓狂、憤慨、敵視、悲觀、怨恨、厭惡透頂、惱火、失望、不滿、難過……

困惑：猶豫、憂愁、難以取捨、不自在、擔心、憂心忡忡、茫然、心神不寧、不情願、沒安全感……

疲倦：筋疲力竭、無動於衷、無力招架、燃燒殆盡、無助、沉重、想睡、退縮、冷漠、無聊、懶惰、麻木……

不舒適：痛苦、不自在、受傷、淒慘、丟臉、羞恥、愧疚、不耐煩、煩躁、躁動不安……

物理感覺表

　這張表未出現在正文中，只收錄在此處，亦可至 www.needs-understanding.com 下載可列印的英文版本。

物理感覺表　LIST OF PHYSICAL SENSATIONS

溫暖
- 飄揚
- 流動
- 發亮
- 輕盈
- 融化
- 開放
- 遼闊
- 散發光芒
- 放鬆
- 釋放
- 飽滿

寬敞
- 通風
- 冷靜
- 膨脹
- 輕飄飄
- 靜止
- 溫暖

柔軟
- 疼痛
- 瘀青
- 粗糙
- 敏感
- 痠痛
- 癢
- 刺痛

翻騰
- 蹦蹦跳跳
- 抖擻
- 喘不過氣
- 充滿能量
- 洶湧
- 源源不絕
- 刺刺麻麻

火燙
- 割痛
- 熱
- 尖銳
- 鋒利
- 悸動
- 怦怦跳

不穩
- 暈眩
- 噁心
- 神經質
- 頭昏想吐
- 發抖
- 冒汗
- 顫慄
- 抽動
- 搖搖晃晃

麻木

冷
涼
結凍
冰
被切除
被擋住
失去連結
卡住
僵硬

緊繃

攪緊
關閉
堵塞
拘束
收縮
緊
打結

空洞

枯竭
空虛
沉重
濃稠
灰暗

不實感覺表

這張表出現在本書 P114 ～ 115，亦可至 www.needs-understanding. com 下載可列印的英文版本。

不實感覺表	LIST OF FALSE FEELINGS		
被拋棄	不被當一回事	不受重視	被踐踏
被錯誤對待	被騷擾	被迫臣服	不被欣賞
被攻擊	被無視	被當成下位者對待	不被聽見
被瞧不起	被侮辱	被施壓	不被愛
被背叛	被恫嚇	被蔑視	不被支持
被責怪	被否定	被拒絕	被利用
被限縮	被評判	被敲竹槓	受害
被欺壓	被遺漏	被催促	受委屈
被欺騙	被辜負	被刻意冷落	
被強迫	被操控	被壓得喘不過氣	
被批評	被誤解	快要窒息	
被貶低	被忽視	被視作理所當然	

暫停小格索引

站在巨人肩上——
「需求理解法」發展小史

　　每個人都是站在前人打下的良好基礎上，持續吸收他們智慧的結晶，以此為始去體驗並理解這個世界。對於啟發我創造出需求理解法的所有人，在此致上我最高的敬意。寫作本書時，我決定不要在正文中提到某種理論或概念的創始人（包括我在內），有一部分原因是不想破壞行文節奏，同時也因為許多概念的源頭不只一個、甚至集各種知識之大成。因此，本節將致敬並感謝直接影響需求理解法發展的人。請諒解族繁不及備載非我本意，以下會列舉出必須特別表彰的重要人士，。

　　將需求置於中心地位，乃受到非暴力溝通創始人馬歇爾·盧森堡的思想所啟發。衷心感謝馬歇爾留給後世的寶藏，需求理解法整套概念都深受他的影響。謹舉一些自源於其思想的概念：行動是為了滿足需求所做的努力；「不要」背後的「要」；感覺與不實感覺的差別；將批判想法理解為一種對需求的表達；後悔之時涉及的需求；需求與策略之別。

　　Cheryl Garner 曾擔任我的心理治療師多年，對於同理和自我同理的理解和論述，主要是與她共事才能發展到如今的廣度與深度。如要逐一提出 Cheryl 的貢獻，對我來說頗有難度，因為都已與需求理解法融為一體，並發展成一套完整的法則。她對我的關懷、賜予我的溫暖和勇氣，對我的影響之大，實在很難細說從頭。

Gina Lawrie 和 Bridget Belgrave 是最早教我非暴力溝通的人。需求理解法實作框架所用的紙卡形式，都要歸功於 Gina 和 Bridget 所發明的「非暴力溝通舞池技巧」（NVC Dance Floors）流程。個人覺得這套方法也非常有助於學習。

　　神經科學的知識源自於不同專業領域，其中功勞最為顯著的莫過於 Daniel Siegel。Alfie Kohn 針對教育及親子教養中的「稱讚與獎勵」所做的豐富研究，惠我良多。Harville Hendrix 和 Helen LaKelly Hunt 提出的「心像式關係治療」（Imago Relationship Therapy），鼓勵人們透過聆聽、肯定、同理彼此，來達到一種相互關懷、理解和接納的境界。他們用島嶼的隱喻來討論人際關係，而他們合著的作品（請參右頁）是我最愛的非文學書第一名。Kirsten Kristensen 清晰的思路、她的睿智及溫暖，在在都讓我結合非暴力溝通與心理治療的想法得以實現。Miki Kashtan 在諸多領域都是我重要的導師，尤其是如何將需求意識化為世界中的種種行動。

　　這些年來，我和許多人一起經歷和分享過需求理解法。對於如何將這一切整合成清楚、好懂又好上手的內容，這些朋友、同事、學生是教我最多的人。需求理解法並不是設計成一種靜態模型，我期待未來歲月也能再與大家攜手合作，讓這套方法持續更新進化。

如何找到本節提及的人們：

- Alfie Kohn: Kohn, A. (2017). *Punished by Rewards: The Trouble with Gold Stars, Incentive Plans*, A's, Praise, and Other
- Bribes. Boston: Houghton Mifflin Co.
- Cheryl Garner: www.psychotherapy.org.uk/therapist/cherylgarner
- Daniel Siegel: www.drdansiegel.com
- Gina Lawrie and Bridget Belgrave: www.NvcDanceFloors.com
- Harville Hendrix and Helen LaKelly Hunt (2019). *Getting the Love You Want: A Guide for Couples*. Third Edition (Reprint, Revised, Updated ed.). St Martin's Griffin.
- Kirsten Kristensen: www.kommunikationforlivet.dk
- Marshall Rosenberg (2015). *Nonviolent Communication: A Language of Life* (3rd ed.). Encinitas, CA: PuddleDancer Press.

本書好朋友

寫作初期，我成立了「本書好朋友」（Book Friends）的社群，成員包括遠近親疏、在創作這本書的旅途上給我支持的諸位朋友。你們的建議和鼓勵，對我來說彌足珍貴，我非常喜愛我們攜手打造的這個社群。謝謝你們每個人都願意成為促成本書誕生的一員。

截至出版前，本書好朋友包括：

Abi Spence

Alanah Larielle

Alessandra Perrone

Alexander Brandon

Alice Tuppen-Corps

Alison Hayman

Alison Jones

Alyson Wills

Amy Whitworth

Anna Butler-Whittaker

Anna March

Annett Zupke

Ase Thorsen

Barry Allsop

Becky Hall

Bonnie Williams

Caroline Silver

Cath Hubbuck

Catherine Weetman

Cathy Swift

Catriona Oliphant

Christelle Brindel

Christine Schulz

Claire Honor

Cleona Lira

Corrie Bell

Dawn Ellis

Debbie Redfern

Di White

Diane Lester

Dorota Godby

Dorothy Martin

Dorothy Nesbit

Emily Allsop

Emma Bairstow-Ellis

Emma Crane

Fi Macmillan

Fiona Buckle

Fiona Macbeth

Francesca (Froo) Signore

Gabriele Grunt

Gemma Box

Ginny Carter

Heather Monro

Helen Beedham

Helen Downhill

Helen O'Grady

Isobel Ripley

Jacqueline Mitton

Jenna Self

Jo McHale

Jo Raeburn

John Odell

Jonathan Silver

Josephine McCourt

Judith Payne

Justyna Sokolowska

Katie McMahon

Katie Player

Ken Dickson

Kim Young

Kirsten Rose

Kirsty Leggate

Krista Powell Edwards

Lara Montgomery

Laura Harvey

Lel Pender

Lily Horseman

Lis O'Kelly

Lisa Beasley

Liv Bargman

Louise Wiles

Lucy Ryan

Mandy Carr

Marcella Chan

Marianna Asimenou

Marianne Fennema

Marieke van Soest

Mark Hutchison

Mark Pilkington

Matt Wait

Mona Jeffreys

Monique Roffey

Myriam Melot

Natasha Broke
Niki Matyjasik
Oliver Cain
Paul Snell
Paula Ellen
Pavli Minns
Penny Spawforth
Peter Sim
Rachel Garstang
Rachel Hudson
Rachel Palmer
Rebecca Crossthwaite
Refkah A'Court-Mond
Rhona Donaldson
Robert Gill
Roz Adams
Russ Ayres
Ruth Patchett
Sam Brightwell
Samaśuri Howes
Sarah Davison
Sarah Heydon
Sarah Hulme
Sarah Mook
Sheila Greer

Sophie Docker
Sue Johnston
Susie Self
Suz Paul
Suzy Andricopoulos
Tamara Laporte
Tanya Forgan
Teresa McDonell
Tom Wilkinson
Tracy Argent
Tracy Seed
Ulli Nykvist
Veronica Munro
Violaine Felten
Yolande Anastasi
Yvonne Wiley

鳴謝

寫完本書初稿時，我得到的回饋幾乎口徑一致：「愛麗絲，這根本讀不下去啊！」可以寫出自己理想中的書，完全是因為有一個最棒的團隊，自始至終陪伴著我。

Ginny Carter 將她絕佳的寫作技巧傳授給我，多虧她的熱情和豐富的經驗，把我想寫的東西轉化為讀得下去的內容。Alison Jones 本來是我的導師，後來成了我的出版商。她打從一開始就「精準掌握」了我所有的素材和這本書，她的溫暖、洞見和敢於質疑的精神，在這趟寫作之旅中一直守護著我。

Isobel Ripley 總能在我有需要的時候及時出現。她的幽默、優雅、勇氣和超高 EQ，陪伴我度過彷彿看不到盡頭的編撰修改。Izzy，和妳相處真是太開心了，期待未來繼續合作。

說起我最好的朋友 Rachel Garstang，我可以寫整整一章。她的貼心、同理心、幽默、毫不吝惜的支持，陪著我度過了無數難關——她不知看過多少篇草稿，不管我多臨時求助也都願意大力幫忙。而我們的關係，可以用她某天早上對我說的一句話來總結：即使我今天出門被公車撞也沒關係，因為素材愛麗絲基本上都有了，就算我不在人世，她也能順利出版這本書。

Dorothy Nesbit 日以繼夜地為我送上支持、愛與智慧。Dorothy，我要特別感謝妳那洞悉一切的眼光、堅實的陪伴，還有聰明如你給我的關心與暖意。能跟妳變成好友是這段旅程最大的額外收穫之一。

Fi Macmillan、Maya Gudka、Dorothy Martin 始終陪在我的身邊，鼓勵我將腦海裡的想法撰寫成書，也毫無顧忌地對我提出各種很難回答的問題。Clare Palmer 和 Laura Harvey 協助我擬定本書架構和頭幾章的草稿，Clare 的鼓勵和頗具建設性的批評，大大減輕了我的不安。Laura 在我最需要支持時永不缺席，還送上了我非常需要的歡笑聲，以及時不時在網路上隔空敬我紅酒。

我一寫完初稿，就開始反覆大量地閱讀、編輯和重寫。Debbie Redfern 是我第一位「完全不懂需求理解法」的讀者。Debbie，妳對這本書的感想在寫作之初給了我信心，讓我知道這種主題的書確實可能引起廣大讀者的興趣。謝謝妳的鼓勵、熱情、實用的評語和始終可靠的肩膀——對我來說都是無價之寶。Natasha Broke 是團隊後期加入的生力軍，她細心的閱讀本書，並提出深入的評語，讓我們得以追上落後的進度。Natasha 在我生女兒之時也陪在我的身邊，「生出」這本書的過程中也有妳幫忙真的很棒。謝謝妳。

我非常享受和 Jonathan Parr 聊「工作」的時光，書中好幾個說明和比喻的點子都是取材於我和他的對話。他富有創意，親切又勇敢，對我影響甚深，讓我能更有效地與人們分享需求理解法。Heather Monro 是最早讓我開始考慮寫這本書的人之一。她在不

少關鍵時刻親自下海救火，不吝分享她犀利的機智、善於理解的直覺、溫柔的質疑和願意面對困難的熱心。Mona Jeffreys、Suzy Andricopoulos、Gabriele Grunt、Catherine Weetman、Veronica Munro、Louise Wiles、Helen Beedham 和 Fi Macmillan 皆讀了我的手稿並留下評語，你們每一個人都是我改進這本書的靈感來源。

內文編輯過程即將告一段落時，插畫團隊迅速加入。Lily Horseman 負責全書的插畫。她以耐心、幽默又絕妙的技巧，創造了完美體現本書宗旨的人物。Eduardo Iturralde 設計圖像並將 Lily 繪製 的小人兒數位化，原文書封面亦由他操刀。他對間距和造成視覺衝擊的追求與美感，正是本書視覺所需要的，他也在我遭遇瓶頸走不出來時，鼓勵和支持著我。深深感謝你們兩人協助塑造出這本美麗的成品，也謝謝 Francesca (Froo) Signore 和 Roz Adams 幫我聯繫上 Lily 與 Eduardo。

在寫作本書的過程中，很高興有幸認識負責製作和後製本書的幕後團隊。除了 Alison Jones 以外，Practical Inspiration Publishing 和該出版社的製作及設計夥伴 Newgen Publishing UK，在此也要特別對 Shell Cooper、Michelle Charman、Judith Wise 和 Sophie Robinson 致上感激之情，你們讓我很放心，因為我擁有最專業的團隊。

說到底，創作一本書的過程，對我來說意外地情緒化，過程中得不斷地越過一座座高山。Sarah Heydon、Corrie Bell、Rebecca Crossthwaite、Cathy Swift、Helen O'Grady、Sophie Khan 和 Bonnie Williams 是一支最棒的團隊，始終在一旁鼓勵我，也很懂我的想法，所以能提出最適合的建議。當前方路況不清、山路陡峭之

時，他們來到我身邊陪我一起走，用親切和愛讓我打起精神、繼續快樂前進。整趟旅程中，Catherine Weetman 成立的作者社團一直在寫作方面給我指引、建議和支持。謝謝 Catherine、Veronica Munro、Louise Wiles 和 Ken Dickson 給了我許多機智的建言，以及透過 Zoom 交換而來的靈感。

我今天能好好的活著，主要要歸功於四個人：Mark Collins、Lesley Kendrick、Cheryl Garner、Christophe Edwards。若少了你們任何一個，世界上就不會有這本書，很可能也不會有我這個人了。你們給了我再活一次的機會，因為有你們，我才能堅強茁壯地走到現在。最可愛的 Skyros 家族也是讓本書一切得以成真的關鍵因素。其中與我特別有連結的人包括：Fiona Buckle、Tracy Argent、Christine Schulz、Rhona Donaldson、Michelle Parker、Lottie Stockdale、Emma Crane、Malcolm Stern、Marianna Asimenou 和 Gabriela Poulimenou。

還有好多人在我近期的故事裡軋上一角。想要一一唱名幾乎是不可能的任務，不過有幾位我仍想一提，唯恐（也勢必）有所遺漏，敬請見諒。謝謝你們每個人參與了我這段旅程：Penny Vine、Jo McHale、Penny Spawforth、Gayano Shaw、Graham Timmins、Roz Adams、Justyna Sokolowska、Gabriele Grunt、Sophie Docker、Emily 及 Barry Allsop、Sarah、Nick、Tom 及 Katy Gwilliam、Jenny Shellens、Lara Montgomery、Mona Jeffreys、Sam Brightwell、Pavli、Ned、Eliška 及 Minka Minns、Delphine Colin de Verdière、Matt Wait 及 Mark Pilkington、Edwina Macbeth、Hannah Reynolds、William 及

Luke Sheldon、Ben　及 George Parr、Abi Spence、Sallie Wood、Katie McMahon、Bella McMahon、Martha Redfern、Imogen Spence、Alys Wood。

我的手足 Ed Sheldon 總能在我向他尋求意見時，立刻伸出援手。他樂於用愛與理解，給我最誠實的讀後感，在這趟旅程中也始終相信著我。Robin Knowles 想要打造一個公平世界的熱情，給我許多靈感，他也一直支持著我個人為促進社會改變而付出的努力。這些年來，他大力協助了我所推廣的工作。表姊 Fiona Macbeth 就像母親忘了生給我的親姊姊。她頭腦很棒、點子很多又無比貼心，從很早以前，她就是我活出充滿愛和勇氣的完美人生典範。

雙親對我從事的工作有巨大的影響。家父是典型的慷慨暖男，而且熱愛與人相處。家母堅強又勇於冒險，在我需要她時從不缺席。從小到大，父母都一路支持著我。

本書獻給我的女兒。她的愛如此美好和璀璨，帶給我無數快樂和喜悅。妳用了各種形式來促成本書的誕生，能當妳的媽媽是我這輩子最榮幸的事。

說話全能養成指南 ⌐○○

【首創結合心理治療！非暴力溝通 NVC 新世代進化版】
運用「需求理解法」，達成完美溝通 4 項全能技巧，創造每個人都舒服的關係

作　　　　者	愛麗絲‧雪登 Alice Sheldon
譯　　　　者	李 忞
插　　　　畫	Lily Horseman
選書 / 主編	林昀彤
編　　　　輯	黃祥生
封 面 設 計	劉孟宗
內 頁 設 計	謝彥如
總 編 輯	魏珮丞

出　　　　版　拾青文化／遠足文化事業股份有限公司
　　　　　　　客服信箱：goeurekago@gmail.com
發　　　　行　遠足文化事業股份有限公司（讀書共和國集團）
地　　　　址　231 新北市新店區民權路 108-2 號 9 樓
郵 撥 帳 號　19504465 遠足文化事業股份有限公司
電　　　　話　（02）2218-1417
信　　　　箱　service@bookrep.com.tw

法 律 顧 問　華洋法律事務所蘇文生律師
印　　　　製　漾格科技股份有限公司
出 版 日 期　2024 年 1 月 4 日初版一刷
定　　　　價　380 元
I　S　B　N　978-626-97237-3-7 / 978-626-97237-4-4(EPUB) / 978-626-97237-5-1(PDF)
書　　　　號　2LOU0005

特別聲明：有關本書中的言論內容，不代表本公司 / 出版集團之立場與意見，
文責由作者自行承擔。

國家圖書館出版品預行編目 (CIP) 資料

說話全能養成指南：【首創結合心理治療！非暴力溝通 NVC 新世代
進化版】運用「需求理解法」，達成完美溝通 4 項全能技巧，創造每
個人都舒服的關係 / 愛麗絲 . 雪登 (Alice Sheldon) 著；李忞譯 . -- 初
版 . -- 新北市：遠足文化事業股份有限公司拾青文化出版：遠足文化
事業股份有限公司發行 , 2024.01
　　面；　公分 . -- (Onwards & Upwards ; 5)
譯　自：Why weren't we taught this at school? : the surprisingly
simple secret to transforming life's challenges
ISBN 978-626-97237-3-7(平裝)

1.CST: 溝通技巧 2.CST: 說話藝術 3.CST: 人際關係

177.1　　　　　　　　　　　　　　　112020418